GERMAN

CLEP* Study Guide

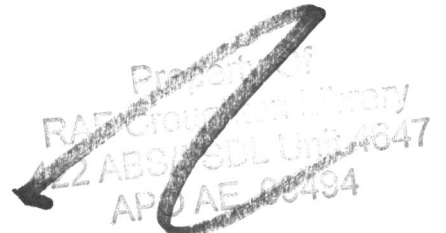

© 2011 Breely, Crush & Associates, LLC

*CLEP is a registered trademark of the College Entrance Examination Board which does not endorse this book.

97160911143

Published by Breely Crush Publishing
10808 River Front Parkway
South Jordan, UT 84095
www.breelycrushpublishing.com

ISBN-10: 1-61433-013-1
ISBN-13: 978-1-61433-013-4

Printed and bound in the United States of America.

*CLEP is a registered trademark of the College Entrance Examination Board which does not endorse this book.

Table of Contents

Read This First!

The German Language CLEP test is a test that you only want to undertake with prior German experience. At the very minimum, you need at least two years of High School level German to be able to pass this exam. For individuals who are native speakers, this test is a must for you to take. If you don't need this type of credit, it can apply as elective credit. This study guide is unique as it does review and teach you the information, but it requires prior knowledge. Most of this study guide will be used to provide familiarity with the testing procedures and practice your understanding in a simulated testing experience.

Listen and Watch

To re-familiarize yourself with the language, you should speak with as many people as you can in German. Take time to have different conversations. If you don't have someone that you can practice with, turn on the television and watch German language television. A good type of program to watch are the German language dramas or soap operas. These provide normal, common conversations that are generally spoken slow enough for you to understand. You can watch television from Germany online, for free! There a several good resources online. We suggest this link: http://beelinetv.com/

You can also find other German television online by typing in Watch German Television Online in any search engine. Almost all are free and will give you practice in listening to German. This is important because you will need listening practice to do well on the test. There are a lot of paid and free resources out there. If you want to go to a more reputable place to get good information, check out this link to the BBC http://www.bbc.co.uk/languages/german/ This website has free video clips and short pratice activities.

 About the German Language CLEP

The German Language CLEP exam is much different from other CLEP tests. For example, for this exam, there are only four answer choices, while other CLEP tests have five answer choices.

It is important to guess if you do not know the correct answer. If you know that one answer is NOT right, by using the process of elimination, you give yourself a better chance of getting the answer right, and a better chance for a passing score. You are not penalized for getting an answer wrong. You will earn one point for every question you get right.

Each section of the test will have specific instructions for that part of the test. The sample test section of the study guide will mimic those sections and sample test questions. It is important to read those instructions so you know the flow of the test.

 Gender in German

Gender in German is very important. Each noun has a feminine or masculine version. Feminine nouns use die. Masculine words use der.

For most native speakers, this is usually an unconscious distinction, as it was learned. For speakers learning the language, it takes a bit more time to master. There are some simple rules that can give you some clues to know when to use a masculine or feminine article.

RULES FOR FEMININE WORDS

Feminine nouns use die

Generally nouns ending in the following are feminine:

- ik
- in

RULES FOR MASCULINE WORDS

Masculine nouns use der.

Generally nouns ending in the following are masculine:
- er

NOW YOU TRY - GENDER

Here is a quick test for masculine vs feminine. Write article next to the word.

1. _____ Telefon
2. _____ Hut
3. _____ Schreibtisch
4. _____ Blume
5. _____ Bleistift
6. _____ Apfel
7. _____ Bank
8. _____ Garten
9. _____ Bücher
10. _____ Stuhl

ANSWERS

1. das Telefon
2. der Hut
3. der Schreibtisch
4. die Blume
5. der Bleistift
6. der Apfel
7. die Bank
8. der Garten
9. die Bücher
10. der Stuhl

Verb Conjugations

When you hear a word like infinitive, it is enough to get you to put down this study guide and decide you won't be testing out after all. That doesn't have to be the case! Yes, this word sounds scary! But read on because you don't have to be a linguistics major to understand when to use the correct version.

Infinives in German are easy. They basically equals out in English verbs like "to do", "to sing". In German, the infinitive mostly ends a word in "-en". To make each verb, we take off the "-en" from the verb and add personal endings which match up to who you are applying the verb to. Confused?

First, each person you can address while speaking gets a different term, such as you, he, etc. The following is a table for those words in German:

ich - I   wir - we
du - you   ihr - you (plural)
er/sie/es - he/she/it   sie - they

Here is a sample table of the German word "spielen" which means "to play" in English. This is the present tense of the verb. The stem of the word spielen is kept (which is spiel-) and the ends are added. View the ends below in italics.

ich spiel*e*   wir spiel*en*
du spiel*st*   ihr spiel*t*
er/sie/es spiel*t*   sie spiel*en*

Arbeiten - to work

ich arbeit*e*   wir arbeit*en*
du arbeit*est*   ihr arbeit*et*
er/sie/es arbei*et*   sie arbeit*en*

This should give you a good refresher on how verbs are conjugated. Of course, there are several verbs that are irregular, meaning that they follow rules of their own and must be memorized. Irregular verbs in German are also referred to as "strong" verbs.

The following is an example of the irregular verb beginnen or "to begin":

ich beginne   wir beginnen
du beginnst   ihr beginnt
er/sie/es beginnt   sie beginnen

To correctly conjugate verbs for a native German speaker, this is easy and instinctive. To a speaker of 5+ years, this is also the case. For most beginner students, the best way for you to study German is to practice and understand verb conjugation, but to spend most of your time learning the most common 100 verbs (memorizing the root), listening and reading German to increase your comprehension. You will not have to conjugate verbs on the test in this type of format. However, you will need to know in a paragraph format if the word is being used correctly. This is generally used more to test vocabulary than verb conjugation.

 The Family

German	English
Großmutter	Grandmother
Großvater	Grandfather
Freund	Friend
Schwägerin	Sister-in-law
Schwager	Brother-in-law
Ehefrau	Wife
Ehemann	Husband
Schwester	Sister
Bruder	Brother
Tochter	Daughter
Sohn	Son
Mutter	Mother
Enkelin	Granddaughter
Enkel	Grandson
Vater	Father
Cousin	Cousin (female)
Cousine	Cousin (male)
Nichte	Niece
Neffe	Nephew
Schwiegermutter	Mother-in-law
Schwiegervater	Father-in-law
Tante	Aunt
Onkel	Uncle

Now You Try - Family

Answer the following questions, with the German answer on the line below, without looking at the chart.

1. Your sister's son is your _____.
2. Your mother _____.
3. Your husband's sister is your _____.
4. Your son _____.
5. Your mother's mother is your _____.
6. Your brother _____.
7. Your wife _____.
8. Your mother's father _____.
9. Your aunt's son is your _____.
10. Your father _____.

Answers

1. Neffe
2. Mutter
3. Schwägerin
4. Sohn
5. Großmutter
6. Bruder
7. Ehefrau
8. Großvater
9. Cousine
10. Vater

 # *Colors*

German	English
gelb	Yellow
orange	Orange
blau	Blue
weiß	White
grau	Gray
braun	Brown
lila	Purple
schwarz	Black

Now You Try - Colors

Write the name of the color next to the German word.

1. grau _____
2. blau _____
3. schwarz _____
4. weiß _____
5. gelb _____

Answers

1. gray
2. blue
3. black
4. white
5. yellow

 # Numbers

Number	German
0	null
1	eins
2	zwei
3	drei
4	vier
5	fünf
6	sechs
7	sieben
8	acht
9	neun
10	zehn
11	elf
12	zwölf
13	dreizehn
14	vierzehn
15	fünfzehn
16	sechszehn
17	siebzehn
18	achtzehn
19	neunzehn
20	zwanzig
30	dreißig
40	vierzig
50	fünfzig
60	sechzig
70	siebzig
80	achtzig
90	neunzig
100	einhundert/hundert
1st	erster/erste
2nd	zweiter/zweite
3rd	dritter/dritte
4th	vierter/vierte

Now You Try - Numbers

Write the name of the number next to the German word.

1. dritter/dritte _____
2. vier _____
3. einhundert/hundert _____
4. erster/erste _____
5. dreißig _____

Answers

1. third
2. four
3. one hundred
4. first
5. thirty

 # Months

German	English
Januar	January
Februar	February
März	March
April	April
Mai	May
Juni	June
Juli	July
August	August
September	September
Oktober	October
November	November
Dezember	December

NOW YOU TRY - MONTHS

Write the name of the month next to the German word.

1. Oktober _____
2. Januar _____
3. Mai _____
4. Juli_____
5. August _____

ANSWERS

1. October
2. January
3. May
4. July
5. August

 # *Days of the Week*

German	English
Montag	Monday
Dienstag	Tuesday
Mittwoch	Wednesday
Donnerstag	Thursday
Freitag	Friday
Samstag	Saturday
Sonntag	Sunday

NOW YOU TRY - DAYS OF THE WEEK

Write the name of the day of the week next to the German word.

1. Mittwoch _____
2. Samstag _____
3. Freitag _____
4. Sonntag _____
5. Montag _____

ANSWERS

1. Wednesday
2. Saturday
3. Friday
4. Sunday
5. Monday

 *School*

German	English
Kugelschreiber	ballpoint pen
Tafel	blackboard
Buch	book
Taschenrechner	calculator
Kreide	chalk
Klasse	class
Klassenraum	classroom
Schreibtisch	desk
Wörterbuch	dictionary
Radiergummi	eraser
Sporthalle	gym
Saal	hall
Bibliothek	library
Heft	notebook
Papier	paper
Stift	pencil
Spitzer	pencil sharpener
Lineal	ruler
Lehrer	teacher
Wissen	to know
Lernen	to learn
Studieren	to study
Arbeitsgemeinschaft	workshop

Now You Try - School

Write the name of the item next to the German word.

1. Kreide _____
2. Lineal_____
3. Wissen _____
4. Saal _____
5. Kugelschreiber _____
6. Klasse _____
7. Buch _____
8. Tafel _____
9. Schreibtisch _____
10. Stift _____

Answers

1. chalk
2. ruler
3. to know
4. hallway
5. pen
6. class
7. book
8. blackboard
9. desk
10. pencil

Top 100 Common Verbs

German	English
anfangen	open
akzeptieren	accept
gehen	walk
abbiegen	turn off
lernen	learn
tanzen	dance
trinken	drink
suchen	look for
passen	fit
fallen	fall
ändern	change
abbrechen	cancel
singen	sing
schließen	close
beginnen	start
essen	eat
kaufen	buy
fahren	drive
zählen	count
rennen	run
schneiden	cut
glauben	believe
verletzen	hurt
geben	give
stolpern	trip
sagen	say
verlassen	leave
aufwachen	wake up
zeichnen	draw
schlafen	sleep
anschalten	turn on
finden	find

lehren	teach
verstehen	understand
senden	send
schreiben	write
zuhören	listen
warten	wait
sein	be
lernen	study
erklären	explain
unterschreiben	sign
rauchen	smoke
haben	have
reden	talk
lächeln	smile
versuchen	try
gehen	go
spielen	play
lesen	read
säubern	clean
bezeichnen	call
ankommen	arrive
füllen	fill
nehmen	take
regnen	rain
schauen	look
schwimmen	swim
kochen	cook
hören	hear
vergessen	forget
organisieren	organize
zahlen	pay
bestehen	pass
kämmen	comb
denken	think
glauben	think
erlauben	allow
können	can

setzen/stellen/legen	put
stehen	stand
fragen	ask
sich sorgen machen	worry
leihen	borrow
bleiben	stay
sich beschweren	complain
wollen	want
wandern	wander
reparieren	fix
antworten	reply
brechen	break
wissen	know
verlassen	leave
folgen	follow
sitzen	sit
schreien	yell
stehlen	steal
beenden	finish
nehmen	take
husten	cough
arbeiten	work
bringen	bring
benutzen	use
verkaufen	sell
kommen	come
sehen	see
anziehen	dress
reisen	travel
leben	live
fliegen	fly

Now You Try - Verbs

Write the name of the verb next to the German word.

1. verstehen _____
2. gehen _____
3. rauchen _____
4. unterschreiben_____
5. lesen _____
6. lernen _____
7. gehen _____
8. beginnen _____
9. schlafen _____
10. zuhören _____
11. schneiden _____
12. geben _____
13. bezeichnen _____
14. suchen _____
15. aufwachen _____
16. verletzen _____
17. singen _____
18. zeichnen _____
19. anfangen _____
20. lernen _____
21. vergessen _____
22. setzen_____
23. bringen _____
24. benutzen _____
25. haben _____
26. sitzen _____
27. brechen _____
28. wissen _____
29. sein _____
30. leihen _____

ANSWERS

1. understand
2. go
3. smoke
4. sign
5. read
6. study
7. walk
8. start
9. sleep
10. listen
11. cut
12. give
13. call
14. look for
15. wake up
16. hurt
17. sing
18. draw
19. open
20. learn
21. forget
22. put
23. bring
24. use
25. have
26. sit
27. break
28. know
29. be
30. borrow

 # Professions

German	English
Anwalt	lawyer
Schauspielerin	actress
Bankier	banker
Bibliothekar	librarian
Feuerwehrmann	firefighter
Kellner	waiter
Sänger	singer
Fleischer	butcher
Postmann	mailman
Priester	priest
Fahrer	driver
Zahnarzt	dentist
Arbeitslos	unemployed
Elektriker	electrician
Angestellter	employee
Krankenschwester	nurse
Schriftsteller	writer
Florist	florist
Klempner	plumber
Fotograf	photographer
Gärtner	gardener
Lehrer	teacher
Segler	sailor
Mechaniker	mechanic
Doktor	doctor
Friseur	hairdresser
Fischer	fisherman
Pilot	pilot
Maler	painter
Professor	professor

Now You Try - Professions

Write the name of the profession next to the German word.

1. Maler _____
2. Mechaniker _____
3. Krankenschwester _____
4. Feuerwehrmann _____
5. Schriftsteller _____
6. Fahrer _____
7. Bankier _____
8. Gärtner _____
9. Fischer _____
10. Priester _____

Answers

1. painter
2. mechanic
3. nurse
4. firefighter
5. writer
6. driver
7. banker
8. gardener
9. fisherman
10. priest

 *Places*

German	English
Flughafen	airport
Bank	bank
Bibliothek	library
Cafe	cafe
Schule	school
Apotheke	pharmacy
Krankenhaus	hospital
Markt	market
Museum	museum
Polizeistation	police station
Hotel	hotel
Restaurant	restaurant
Laden	store

NOW YOU TRY - PLACES

Write the name of the number next to the German word.

1. Krankenhaus _____
2. Laden _____
3. Flughafen _____
4. Apotheke _____
5. Bibliothek _____

ANSWERS

1. hospital
2. store
3. airport
4. pharmacy
5. library

Sample Test Questions

Section One - Listening

In this section you will hear a conversation in German. You will then hear four responses/answer choices, A, B, C, and D. After those four answer choices are spoken, you will have to enter the correct answer. You will only hear the answer once. This is an example, completely in English to make sure you understand the format of the question:

How are you doing today Janine?

    A) A little bit later.
    B) Fine and you?
    C) Wait awhile and I'll come with you.
    D) I can't today.

The correct answer is B) Fine and you? This is the proper response, the only response that actually makes sense in this context.

In this section of the CLEP test, the question as well as the answer choices will all be spoken. **You will have to listen carefully as none of the questions or answers will appear on your screen.** You will have about 10 seconds to enter your answer before the next question begins. Do your best to complete this section by only reading the question one time or having someone read it aloud to you.

1) Wo ist deine Schwester, George?

    A) Sie ist im Laden.
    B) Ich bin auf die Party gegangen.
    C) Sie spielte Schach.
    D) Sie hat mich nicht gefragt.

2) Seit wann lernst du Deutsch?

    A) Seit mehr als fünf Jahren.
    B) Heute kann ich nicht.
    C) Ich koche später.
    D) Spanisch macht Spaß.

3) Wie heißt deine Katze?

    A) Meine Katze fängt Mäuse
    B) Meine Katze heißt George.
    C) Meine Katze bleibt drinnen.
    D) Es ist die Katze meines Bruders.

4) Wann schließt die Drogerie?

    A) Sie haben heute frei.
    B) Sie schließt heute am Nachmittag.
    C) Ich gehe nach der Arbeit zur Drogerie.
    D) Ich habe keine Zeit zu gehen.

5) Was möchtest du zum Mittag essen?

    A) Ich hasse Essen.
    B) Es ist Zeit zu gehen.
    C) Ich bin bereit zu essen.
    D) Ich möchte einen Salat.

6) Wer war an der Tür?

    A) Ich bin fertig.
    B) Was möchtest du essen?
    C) Es war mein Deutschlehrer.
    D) Ist es Zeit?

7) Was möchtest du zum Geburtstag?

    A) Ich möchte eine neue Stereoanlage.
    B) Ich habe meinen iPod in den Laden zurückgebracht.
    C) Ich hasse Geburtstage.
    D) Ich denke das ist großartig.

8) Spielst du ein Musikinstrument?

    A) Ja, ich spiele Klavier.
    B) Ich liebe Musik.
    C) I kann nicht Karten spielen.
    D) Ich kann mich nicht entscheiden.

9) Wie kommt man zur Post?

    A) Sie ist irgendwo hier.
    B) Warum gehst du stattdessen nicht in den Laden?
    C) An der Ecke biegst du rechts ab.
    D) Ich bin nicht in Eile.

10) Möchtest du Milch?

    A) Die Milch ist im Kühlschrank.
    B) Ja, bitte. Ich hätte gern Milch.
    C) Wenn deine Mutter das sagt.
    D) Ich bin nicht hungrig.

11) Es ist spät. Hattest du Schlafprobleme?

    A) Es ist ein gemütlicher Raum.
    B) Wie sieht dein Plan für heute aus?
    C) Ja, ich habe mich die ganze Nacht hin und her gewälzt.
    D) Ich bin trotzdem zum Unterricht gegangen.

12) Wohin ist Alfred gegangen?

    A) Er ist krankt und ist nach Hause gegangen.
    B) Im Treppenhaus.
    C) Ich habe viel gegessen.
    D) Ich kann es kaum erwarten, dass die Schule zu Ende ist.

13) Was war in der Post?

    A) Wir bekommen immer nur Werbung.
    B) Einige Rechnungen und ein Brief von deiner Mama.
    C) Ich würde stattdessen lieber Kuchen essen.
    D) Die Post kommt immer zu spät.

14) Hast du eine große Familie?

    A) Ja, ich habe sechs Brüder und zwei Schwestern.
    B) Ich bin der Jüngste.
    C) Meine Familie besitzt ein großes Haus.
    D) Ich habe die beste Familie der Welt.

15) Wie hast du deine Frau kennengelernt?

   A) Ich bin mir nicht sicher was sie macht.
   B) Sie ist großartig, nicht wahr?
   C) Es wird Zeit sie zu treffen.
   D) Einige Freunde haben uns in der Schule vorgestellt.

16) Bist du schon fertig?

   A) Ich bin fertig, wenn du es bist.
   B) Beeil dich, schneller.
   C) Ich komme immer zu spät.
   D) Momentan kann ich nicht.

17) Hast du alles gekauft?

   A) Nein, ich habe die Eier und das Brot vergessen.
   B) Ich habe sie im Laden getroffen.
   C) Ich hasse es wegen der langen Warteschlangen einkaufen zu gehen.
   D) Mach mir eine Einkaufsliste.

18) Was bauen wir im Garten an?

   A) Salat ist eigentlich alles was ich essen mag.
   B) Ich bin bereit, Obst und Gemüse zu essen.
   C) Ich hasse Gartenarbeit.
   D) Ich möchte Salat, Möhren und Tomaten anpflanzen.

 *Test Questions Answers & Translation*

1) Wo ist deine Schwester, George?

   A) Sie ist im Laden.
   B) Ich bin auf die Party gegangen.
   C) Sie spielte Schach.
   D) Sie hat mich nicht gefragt.

Where is your sister George?

   She's at the store.
   I went to the party.
   She played chess.
   She didn't ask me.

2) Seit wann lernst du Deutsch?

   A) Seit mehr als fünf Jahren.
   B) Heute kann ich nicht.
   C) Ich koche später.
   D) Spanisch macht Spaß.

How long have you studied German?

   Over five years.
   I can't today.
   I'm cooking later.
   Spanish is fun.

3) Wie heißt deine Katze?

   A) Meine Katze fängt Mäuse
   B) Meine Katze heißt George.
   C) Meine Katze bleibt drinnen.
   D) Es ist die Katze meines Bruders.

What is the name of your cat?

   My cat catches mice.
   My cat's name is George.
   My cat stays inside.
   It's my brother's cat.

4) Wann schließt die Drogerie?

   A) Sie haben heute frei.
   B) Sie schließt heute am Nachmittag.
   C) Ich gehe nach der Arbeit zur Drogerie.
   D) Ich habe keine Zeit zu gehen.

What time does the drug store close?

   They have today off.
   It closes at noon today.
   I'm going to the drug store after work.
   I don't have time to go.

5) Was möchtest du zum Mittag essen?

   A) Ich hasse Essen.
   B) Es ist Zeit zu gehen.
   C) Ich bin bereit zu essen.
   D) Ich möchte einen Salat.

What do you want for lunch?

   I hate food.
   It's time to go.
   I'm ready to eat.
   I want a salad.

6) Wer war an der Tür?

   A) Ich bin fertig.
   B) Was möchtest du essen?
   C) Es war mein Deutschlehrer.
   D) Ist es Zeit?

7) Was möchtest du zum Geburtstag?

   A) Ich möchte eine neue Stereoanlage.
   B) Ich habe meinen iPod in den Laden zurückgebracht.
   C) Ich hasse Geburtstage.
   D) Ich denke das ist großartig.

8) Spielst du ein Musikinstrument?

   A) Ja, ich spiele Klavier.
   B) Ich liebe Musik.
   C) I kann nicht Karten spielen.
   D) Ich kann mich nicht entscheiden.

9) Wie kommt man zur Post?

   A) Sie ist irgendwo hier.
   B) Warum gehst du stattdessen nicht in den Laden?
   C) An der Ecke biegst du rechts ab.
   D) Ich bin nicht in Eile.

10) Möchtest du Milch?

   A) Die Milch ist im Kühlschrank.
   B) Ja, bitte. Ich hätte gern Milch.
   C) Wenn deine Mutter das sagt.
   D) Ich bin nicht hungrig.

11) Es ist spät. Hattest du Schlafprobleme?

   A) Es ist ein gemütlicher Raum.
   B) Wie sieht dein Plan für heute aus?
   C) Ja, ich habe mich die ganze Nacht hin und her gewälzt.
   D) Ich bin trotzdem zum Unterricht gegangen.

Who was at the door?

I'm ready.
What do you want to eat?
It was my German teacher.
Is it time?

What do you want for your birthday?

I want a new stereo.
I took my iPod back to the store.
I hate birthdays.
I think that's great.

Do you play a musical instrument?

Yes, I play the piano.
I love music.
I don't know how to play cards.
I can't decide.

How do you get to the post office?

It's around here somewhere.
Why don't you go to the store instead?
Turn right at the corner.
I'm not in a hurry to go.

Would you like milk?

Milk in fridge.
Yes, please, I like milk.
If your mother says so.
I'm not hungry.

It's late. Did you have trouble sleeping?

It's a comfortable room.
What is your plan for today?
Yes, I tossed and turned all night.
I went to class anyway.

12) Wohin ist Alfred gegangen?

Where did Alfred go?

   A) Er ist krankt und ist nach Hause ge-gangen.

   He was sick and went home.

   B) Im Treppenhaus.

   In the hallway.

   C) Ich habe viel gegessen.

   I ate a lot.

   D) Ich kann es kaum erwarten, dass die Schule zu Ende ist.

   I can't wait for school to be over.

13) Was war in der Post?

What came in the mail?

   A) Wir bekommen immer nur Werbung.

   All we ever get are advertisements.

   B) Einige Rechnungen und ein Brief von deiner Mama.

   Some bills and a letter from your mom.

   C) Ich würde stattdessen lieber Kuchen essen.

   I would rather have pie instead.

   D) Die Post kommt immer zu spät.

   The mail is always late.

14) Hast du eine große Familie?

Do you have a large family?

   A) Ja, ich habe sechs Brüder und zwei Schwestern.

   Yes, I have six brothers and two sisters.

   B) Ich bin der Jüngste.

   I'm the youngest.

   C) Meine Familie besitzt ein großes Haus.

   My family has a big house.

   D) Ich habe die beste Familie der Welt.

   My family is the best in the world.

15) Wie hast du deine Frau kennengelernt?

How did you meet your wife?

   A) Ich bin mir nicht sicher was sie macht.

   I'm not sure what she is doing.

   B) Sie ist großartig, nicht wahr?

   Isn't she great?

   C) Es wird Zeit sie zu treffen.

   It's time to meet her.

   D) Einige Freunde haben uns in der Schule vorgestellt.

   Some friends introduced us at school.

16) Bist du schon fertig?

Are you ready yet?

   A) Ich bin fertig, wenn du es bist.

   I'm ready to go when you are.

   B) Beeil dich, schneller.

   Hurry faster.

   C) Ich komme immer zu spät.

   I'm always late.

   D) Momentan kann ich nicht.

   I can't right now.

17) Hast du alles gekauft?

    A) Nein, ich habe die Eier und das Brot vergessen.

    B) Ich habe sie im Laden getroffen.

    C) Ich hasse es wegen der langen Warteschlangen einkaufen zu gehen.

    D) Mach mir eine Einkaufsliste.

18) Was bauen wir im Garten an?

    A) Salat ist eigentlich alles was ich essen mag.

    B) Ich bin bereit, Obst und Gemüse zu essen.

    C) Ich hasse Gartenarbeit.

    D) Ich möchte Salat, Möhren und Tomaten anpflanzen.

Did you buy everything at the store?

No, I forgot the eggs and bread.
She met me at the store.
I hate going to the store because of long lines.
Make me a new grocery list.

What should we plant in the garden?

Lettuce is really all I like to eat.
I'm ready to eat the produce.
I hate working in the garden.
I wanted to plant lettuce, carrots and tomatoes.

Section Two - Listening

In this section, you will hear an announcement, dialogue or report. You will only hear the selection one time so you need to make sure that you are listening carefully.

After the selection is spoken, you will need to select the answer choice. In this section, the answer choice will be provided. You will have nine minutes to complete this section. The time does not include when you are listening to the test.

In this section you may see a picture or a table. To enter your answer you will either need to select A-D or enter an answer, complete a table, put things in the correct order or click on a part of a picture.

You can adjust the volume of the testing material. When you change the volume, it will change the volume on the next audio question. Unfortunately, you are unable to change the volume while the dialogue is being spoken.

Sonderbericht: Seit den frühen Morgenstunden wird ein Kind vermisst. Ca. um drei Uhr wurde Anna Jacobs von zu Hause aus als vermisst gemeldet. Zuletzt trug sie einen roten Pyjama. Wenn Sie sie sehen, melden Sie sich umgehen bei der Polizei.

1) Wo wurde das Kind zuletzt gesehen?

    A) zu Hause
    B) in der Schule
    C) auf Arbeit
    D) bei ihren Großeltern

2) Wann wurde sie als vermisst gemeldet?

    A) am Morgen
    B) mittags
    C) am Nachmittag
    D) gestern

Ich komme heute spät nach Hause.
Wann kommst du heim?
Ich weiß es nicht, ich muss mein Projekt beenden.
Ok, ich mache den Kindern Abendbrot.
Danke, du bist großartig.

3) Weil sie lang arbeiten muss,…

    A) …kann sie ihre Blumen nicht gießen.
    B) …macht ihr Mann Abendbrot.
    C) …wartet ihr Mann auf sie.
    D) …geht sie nicht auf die Party.

4) Wann kommt sie nach Hause

    A) um neun.
    B) Sie weiß es nicht.
    C) vor dem Abendbrot.
    D) morgen früh.

Wann fährt der Zug nach Berlin?
Er ist bereits weg.
Was? Ich sollte in dem Zug sein.
Es tut mir leid! Der nächste Zug fährt morgen früh.
Morgen früh? Ich kaufe einen Fahrschein.
Das macht zweihundert Euro.

5) Was ist dem Reisenden passiert?

    A) Er möchte den Fahrpreis wissen.
    B) Er hat den Zug verpasst.
    C) Er wartet auf jemanden in dem Zug.
    D) Er möchte erster Klasse reisen.

6) Wie viele Fahrscheine möchte er?

    A) zweitausendfünfhundert
    B) sechzehn
    C) ein paar
    D) eins

7) Wann fährt der nächste Zug?

    A) in einer Stunde
    B) morgen früh
    C) um siebzehn Uhr
    D) später am Nachmittag

Wie viele Personen?
Wir hätten gerne einen Tisch für sechs Personen, bitte.
Tut mir leid, Sie müssen ein wenig warten. Alle unsere großen Tische sind besetzt.
Besetzt? Ok, wie lange ist die Wartezeit?
Es sind ungefähr dreißig Minuten.
Das ist zu lange. Wir gehen woanders hin.

8) Warum verlassen sie das Restaurant?

    A) Es hat geschlossen.
    B) Die Wartezeit ist zu lang.
    C) Sie haben die Speisekarte geändert.
    D) Sie akzeptieren nur Barzahlung.

9) Wie viele Personen essen zu Mittag?

    A) fünf
    B) sechs
    C) dreißig
    D) zehn

Ich denken, dass Cancun das beste Urlaubsziel ist. Der Ort ist sowohl für Familien als auch für Paare großartig. Es gibt romantische Restaurants für Pärchen. Einige Restaurants sind besonders kinderfreundlich. Der Strand in Cancun ist groß und wunderschön. Das Wasser ist warm und klar mit vielen Fischen. Sie können im Sand in der Sonne entspannen. Außerdem sind die Leute sehr freundlich. Manchmal verkaufen sie am Strand Eiskreme. In Cancun einzukaufen ist wunderbar. Es gibt drei Einkaufszentren. Das Beste heißt „La Isla". Dort gibt es so viele Läden, dass Sie viel Zeit benötigen werden, um sich alle anzuschauen. Es hat sogar ein Aquarium.

10) In Cancun entspannen die meisten Leute

    A) am Strand
    B) im Einkaufszentrum
    C) im Aquarium
    D) im Restaurant

11) Wie viele Einkaufszentren gibt es in Cancun?

    A) eins
    B) zwei
    C) drei
    D) vier

12) Warum ist "La Isla" ein Ort, an den man gehen möchte?

    A) Es gibt viel zu tun und zu sehen.
    B) Es ist preiswert.
    C) Es gibt die besten Läden.
    D) Es ist in der Nähe vom Strand.

Ich fühle mich nicht gut.

Was ist los?

Meinem Magen geht es nicht gut.

Hast du etwas Falsches gegessen?

Nein, ich habe heute nur ein Sandwich und einen Apfel gegessen. Ich glaube ich habe eine Grippe.

Vielleicht solltest du zum Arzt gehen, er ist gleich um die Ecke.

So schlecht fühle ich mich nicht.

Naja, es tut mir leid, dass es dir nicht gut geht. Du solltest vielleicht nach Hause gehen.

Ich glaube das mache ich. Bis später.

Tschüss

13) Was ist los mit Gina?

    A) Sie hat etwas Schlechtes gegessen.
    B) Sie hat Magenschmerzen.
    C) Sie ist müde und möchte nach Hause gehen.
    D) Sie geht nach Hause um sich auszuruhen und kommt später wieder.

14) Was macht Gina jetzt?

    A) Sie geht zum Arzt.
    B) Sie geht in den Laden.
    C) Sie geht zur Arbeit.
    D) Sie geht nach Hause.

Möchtest du heute Abend mit mir ins Kino gehen?

Vielleicht, was wolltest du dir anschauen?

Ich bin mir nicht sicher. Weißt du was gerade im Kino läuft?

Nein, ich habe keine Ahnung.

Hast du das Kinoprogramm?

Nein, aber wir können im Computer nachschauen.

Ok, ich komme mit, wenn wir uns einen Film mit ein bisschen Action anschauen.

Was? Du hast genug von romantischen Filmen? Was ist mit Western?

Nein, ich bevorzuge einen Actionfilm.

15) Welche Art von Film werden sie sehen?

    A) einen romantischen Film
    B) einen Actionfilm
    C) einen Kriminalfilm
    D) einen Western

16) Wie finden sie heraus, wann der Film gespielt wird?

    A) Sie rufen im Kino an.
    B) Sie fragen jemanden.
    C) Sie schauen im Computer nach.
    D) Sie gehen zum Kino.

Entschuldigen Sie, ich habe mich verlaufen. Wie komme ich zum Bahnhof?
Sie gehen immer gerade aus und dann an der Kirche nach rechts. Der Bahnhof befindet sich in dieser Straße. Wann fährt Ihr Zug ab?
Um 9:30 Uhr.
Um 9:30 Uhr? Sie müssen sich beeilen, ansonsten kommen Sie zu spät.
Zu spät? Wie viel Uhr ist es?
Es ist 9:25 Uhr. Sie haben nur noch fünf Minuten.
Du meine Güte, ich verpasse den Zug auf jeden Fall. Ich muss den ganzen Weg rennen.
Keine Sorge, das ist mein Auto. Ich fahre Sie zum Bahnhof.
Vielen Dank! Ich darf den Zug nicht verpassen, es fährt heute nur einer.
Kein Problem. Ich fahre Sie gerne. Sie erinnern mich an meinen Sohn.

17) Was ist Eugens Problem?

    A) Er findet den Bahnhof nicht.
    B) Er hat Hunger und braucht eine Mitfahrgelegenheit.
    C) Er hat nicht genug Geld für das Zugticket.
    D) Er muss schnell zur Kirche.

18) Wie kommt er rechtzeitig zum Bahnhof?

    A) Er rennt.
    B) Er wird gefahren.
    C) Er verpasst den Zug.
    D) Er läuft.

19) Warum hilft der Mann Eugen?

    A) Weil er großzügig ist.
    B) Weil er ein Lehrer ist.
    C) Weil Eugen ihn an seinen Sohn erinnert.
    D) Weil er für die Kirche arbeitet.

Entschuldigen Sie, kann ich Ihnen helfen?

Ja, ich brauche ein Geschenk.

Gibt es einen besonderen Anlass?

Ja, wir haben in zwei Tagen Hochzeitstag.

Das klingt spannend. Wie viele Jahre sind Sie schon verheiratet?

Wir sind seit sechs Jahren verheiratet. Ich möchte ihr etwas Besonderes schenken.

An was haben Sie gedacht?

Ich bin mir nicht sicher. Etwas Schönes. Sie mag Blumen und Schmuck.

Was denken Sie über diese Kette hier? Sie ist aus Gold und in Form einer Rose.

Perfekt!

Ich kann es als Geschenk verpacken, wenn Sie mögen. Sie können es um vier Uhr abholen.

Das klingt gut. Bis dann!

20) Für wen kauft der Mann ein Geschenk?

    A) für seine Frau
    B) für seine Mutter
    C) für seine Schwester
    D) für seine Freundin

21) Warum schlägt der Verkäufer eine Kette vor?

    A) Weil Frauen Schmuck mögen.
    B) Weil es ein schönes Geschenk ist.
    C) Weil es eine Rose aus Gold ist.
    D) Weil es als Geschenk verpackt werden kann.

22) Warum kauft er ein Geschenk?

    A) Nur so.
    B) Sie streiten sich.
    C) Es ist ihr Geburtstag.
    D) Es ist deren Hochzeitstag.

Test Questions Answers & Translation

Sonderbericht: Seit den frühen Morgenstunden wird ein Kind vermisst. Ca. um drei Uhr wurde Anna Jacobs von zu Hause aus als vermisst gemeldet. Zuletzt trug sie einen roten Pyjama. Wenn Sie sie sehen, melden Sie sich umgehen bei der Polizei.

Special Report: a child has gone missing in the early morning hours. About three a.m., Anna Jacobs was reported missing from her home. She was last seen wearing red pajamas. If you see her, call police immediately.

1) Wo wurde das Kind zuletzt gesehen?

A) zu Hause
B) in der Schule
C) auf Arbeit
D) bei ihren Großeltern

Where was the child last seen?

At her home.
At her school.
At her job.
At her grandparent's.

2) Wann wurde sie als vermisst gemeldet?

A) am Morgen
B) mittags
C) am Nachmittag
D) gestern

When was she reported missing?

In the morning.
At midday
In the afternoon.
Yesterday.

Ich komme heute spät nach Hause.
Wann kommst du heim?
Ich weiß es nicht, ich muss mein Projekt beenden.
Ok, ich mache den Kindern Abendbrot.
Danke, du bist großartig.

I won't be home until late tonight.
What time will you be home?
I'm not sure. I have to finish my project.
Okay, I'll make dinner for the kids.
Thanks, you're great.

3) Weil sie lang arbeiten muss,…

A) …kann sie ihre Blumen nicht gießen.
B) …macht ihr Mann Abendbrot.
C) …wartet ihr Mann auf sie.
D) …geht sie nicht auf die Party.

Because she has to work late…

She can't water the plants.
Her husband will make dinner.
Her husband will wait up.
She won't be going to the party.

4) Wann kommt sie nach Hause

A) um neun.
B) Sie weiß es nicht.
C) vor dem Abendbrot.
D) morgen früh.

What time will she be home?

At nine.
She doesn't know.
Before dinner.
Tomorrow morning.

Wann fährt der Zug nach Berlin?

Er ist bereits weg.

Was? Ich sollte in dem Zug sein.

Es tut mir leid! Der nächste Zug fährt morgen früh.

Morgen früh? Ich kaufe einen Fahrschein.

Das macht zweihundert Euro.

What time does the train leave to Berlin?

Sir, it already left.

What? I was supposed to be on that train.

Sorry sir, the next train is tomorrow morning.

Tomorrow morning? I guess I'll buy one ticket.

The cost is one-hundred euros.

5) Was ist dem Reisenden passiert?

What happened to the passenger?

    A) Er möchte den Fahrpreis wissen.

    B) Er hat den Zug verpasst.

    C) Er wartet auf jemanden in dem Zug.

    D) Er möchte erster Klasse reisen.

He wants to know the price of the train.

He missed the train.

He's waiting for someone on the train.

He wants first class.

6) Wie viele Fahrscheine möchte er?

How many tickets does he want?

    A) zweitausendfünfhundert

    B) sechzehn

    C) ein paar

    D) eins

Twenty-five-hundred.

Sixteen.

A few.

One.

7) Wann fährt der nächste Zug?

When is the next train?

    A) in einer Stunde

    B) morgen früh

    C) um siebzehn Uhr

    D) später am Nachmittag

In an hour.

Tomorrow morning.

At five p.m.

Later this afternoon.

Wie viele Personen?
Wir hätten gerne einen Tisch für sechs Personen, bitte.
Tut mir leid, Sie müssen ein wenig warten. Alle unsere großen Tische sind besetzt.
Besetzt? Ok, wie lange ist die Wartezeit?
Es sind ungefähr dreißig Minuten.
Das ist zu lange. Wir gehen woanders hin.

How many for lunch sir?
We'd like a table for six please.
I'm sorry sir, you'll have to wait. All our large tables are full.
Full? Okay, how long is the wait?
It will be about thirty minutes.
That's too long. We'll go somewhere else.

8) Warum verlassen sie das Restaurant?

A) Es hat geschlossen.
B) Die Wartezeit ist zu lang.
C) Sie haben die Speisekarte geändert.
D) Sie akzeptieren nur Barzahlung.

Why are they leaving the restaurant?

They are closed.
The wait is too long.
The menu has changed.
They only take cash.

9) Wie viele Personen essen zu Mittag?

A) fünf
B) sechs
C) dreißig
D) zehn

How many people are eating lunch?

Five.
Six.
Thirty.
Ten.

Ich denken, dass Cancun das beste Urlaubsziel ist. Der Ort ist sowohl für Familien als auch für Paare großartig. Es gibt romantische Restaurants für Pärchen. Einige Restaurants sind besonders kinderfreundlich. Der Strand in Cancun ist groß und wunderschön. Das Wasser ist warm und klar mit vielen Fischen. Sie können im Sand in der Sonne entspannen. Außerdem sind die Leute sehr freundlich. Manchmal verkaufen sie am Strand Eiskreme. In Cancun einzukaufen ist wunderbar. Es gibt drei Einkaufszentren. Das Beste heißt „La Isla". Dort gibt es so viele Läden, dass Sie viel Zeit benötigen werden, um sich alle anzuschauen. Es hat sogar ein Aquarium.

I think that Cancun is the best vacation. It is great for families and couples. There are romantic restaurants for couples. Some restaurants specialize in making kids feel welcome in a casual atmosphere. The beach in Cancun is large and beautiful. The water is warm and clear with lots of fish. You can just relax in the sun on the sand. Also, the people are very friendly. Sometimes they sell ice cream at the beach. The shopping in Cancun is great. They have three malls there. The best is called La Isla. They have so many stores that it takes you a long time to look at all the stores. It even has an aquarium.

10) In Cancun entspannen die meisten Leute

In Cancun, most people relax at the

  A) am Strand
  B) im Einkaufszentrum
  C) im Aquarium
  D) im Restaurant

  Beach
  Mall
  Aquarium
  Restaurant

11) Wie viele Einkaufszentren gibt es in Cancun?

How many malls are there in Cancun?

  A) eins
  B) zwei
  C) drei
  D) vier

  One
  Two
  Three
  Four

12) Warum ist "La Isla" ein Ort, an den man gehen möchte?

Why is La Isla somewhere you want to go?

  A) Es gibt viel zu tun und zu sehen.
  B) Es ist preiswert.
  C) Es gibt die besten Läden.
  D) Es ist in der Nähe vom Strand.

  There are is a lot to do and see.
  It's inexpensive.
  It has the best stores.
  It is near the beach.

Ich fühle mich nicht gut.

Was ist los?

Meinem Magen geht es nicht gut.

Hast du etwas Falsches gegessen?

Nein, ich habe heute nur ein Sandwich und einen Apfel gegessen. Ich glaube ich habe eine Grippe.

Vielleicht solltest du zum Arzt gehen, er ist gleich um die Ecke.

So schlecht fühle ich mich nicht.

Naja, es tut mir leid, dass es dir nicht gut geht. Du solltest vielleicht nach Hause gehen.

Ich glaube das mache ich. Bis später.

Tschüss

I don't feel good.

What's wrong?

My stomach is upset.

Was it something you ate?

No, all I had today was a sandwich and an apple. I think I've got the flu.

Maybe you should go see my doctor, he's just down the block.

I don't feel that bad.

Well, I'm sorry you don't feel well, maybe you should go home.

I think I will. See you later.

Bye.

13) Was ist los mit Gina?

What was wrong with Gina?

A) Sie hat etwas Schlechtes gegessen.

B) Sie hat Magenschmerzen.

C) Sie ist müde und möchte nach Hause gehen.

D) Sie geht nach Hause um sich auszuruhen und kommt später wieder.

Something she ate made her sick.

Her stomach hurts.

She's tired and wants to go home.

She'll go home and rest and come back later.

14) Was macht Gina jetzt?

What is Gina doing now?

A) Sie geht zum Arzt.

B) Sie geht in den Laden.

C) Sie geht zur Arbeit.

D) Sie geht nach Hause.

Going to the doctor.

Going to the store.

Going to work.

Going home.

Möchtest du heute Abend mit mir ins Kino gehen?

Do you want to go to the cinema with me tonight?

Vielleicht, was wolltest du dir anschauen?

Maybe, what did you want to see?

Ich bin mir nicht sicher. Weißt du was gerade im Kino läuft?

I'm not sure. Do you know what's out?

Nein, ich habe keine Ahnung.

No, I don't have a clue.

Hast du das Kinoprogramm?

Do you have a schedule for their showings?

Nein, aber wir können im Computer nachschauen.

No, but we can look it up on the computer.

Ok, ich komme mit, wenn wir uns einen Film mit ein bisschen Action anschauen.

Okay, we'll I'll go as long as we see something with a little action.

Was? Du hast genug von romantischen Filmen?

What? You're tired of romance movies? What about a western?

Was ist mit Western?

Nein, ich bevorzuge einen Actionfilm.

No, I'd rather see an action movie.

15) Welche Art von Film werden sie sehen?

What type of movie are they going to go see?

   A) einen romantischen Film

   A romance movie.

   B) einen Actionfilm

   An action movie.

   C) einen Kriminalfilm

   A mystery movie.

   D) einen Western

   A western.

16) Wie finden sie heraus, wann der Film gespielt wird?

How will they find out the time?

   A) Sie rufen im Kino an.

   Call on the phone.

   B) Sie fragen jemanden.

   Ask someone else.

   C) Sie schauen im Computer nach.

   Look it up on the computer.

   D) Sie gehen zum Kino.

   Go to the theater.

Entschuldigen Sie, ich habe mich verlaufen. Wie komme ich zum Bahnhof?	Excuse me sir, I'm lost. Can you help me find the way to the train station?
Sie gehen immer gerade aus und dann an der Kirche nach rechts. Der Bahnhof befindet sich in dieser Straße. Wann fährt Ihr Zug ab?	Sure, you head down the block and turn right at the church. It's on that street. What time is your train?
Um 9:30 Uhr.	At 9:30 a.m.
Um 9:30 Uhr? Sie müssen sich beeilen, ansonsten kommen Sie zu spät.	At 9:30 a.m.? You better hurry you're going to be late.
Zu spät? Wie viel Uhr ist es?	Late? What time is it?
Es ist 9:25 Uhr. Sie haben nur noch fünf Minuten.	It's 9:25 a.m. You only have five minutes.
Du meine Güte, ich verpasse den Zug auf jeden Fall. Ich muss den ganzen Weg rennen.	Oh my gosh, I'm going to miss it for sure. I'll have to run the whole way.
Keine Sorge, das ist mein Auto. Ich fahre Sie zum Bahnhof.	Don't worry, this is my car here, I'll give you a ride.
Vielen Dank! Ich darf den Zug nicht verpassen, es fährt heute nur einer.	Thanks so much! I can't miss the train, there's only one today!
Kein Problem. Ich fahre Sie gerne. Sie erinnern mich an meinen Sohn.	No problem. I don't mind giving you a ride, you remind me of my son.

17) Was ist Eugens Problem?

What is the Eugen's problem?

    A) Er findet den Bahnhof nicht.
    B) Er hat Hunger und braucht eine Mitfahrgelegenheit.
    C) Er hat nicht genug Geld für das Zugticket.
    D) Er muss schnell zur Kirche.

He can't find the train station.
He's hungry and needs a ride.
He doesn't have enough money for the train.
He's in a hurry to get to church.

18) Wie kommt er rechtzeitig zum Bahnhof?

How will he get there on time?

    A) Er rennt.
    B) Er wird gefahren.
    C) Er verpasst den Zug.
    D) Er läuft.

He will run.
He will get a ride.
He will miss the train.
He will walk.

19) Warum hilft der Mann Eugen?

Why does the man help Eugen?

    A) Weil er großzügig ist.
    B) Weil er ein Lehrer ist.
    C) Weil Eugen ihn an seinen Sohn erinnert.
    D) Weil er für die Kirche arbeitet.

Because he is generous.
Because he is a teacher.
Because Eugen reminds him of his son.
Because he works for the church.

Entschuldigen Sie, kann ich Ihnen helfen?

Ja, ich brauche ein Geschenk.

Gibt es einen besonderen Anlass?

Ja, wir haben in zwei Tagen Hochzeitstag.

Das klingt spannend. Wie viele Jahre sind Sie schon verheiratet?

Wir sind seit sechs Jahren verheiratet. Ich möchte ihr etwas Besonderes schenken.

An was haben Sie gedacht?

Ich bin mir nicht sicher. Etwas Schönes. Sie mag Blumen und Schmuck.

Was denken Sie über diese Kette hier? Sie ist aus Gold und in Form einer Rose.

Perfekt!

Ich kann es als Geschenk verpacken, wenn Sie mögen. Sie können es um vier Uhr abholen.

Das klingt gut. Bis dann!

Excuse me, can I help you?

Yes, I need to get a gift.

Is it a special occasion?

Yes, it's our anniversary in two days.

Wow, that's exciting. How many years have you been married?

We've been married six years. I want to get her something really special.

What did you have in mind?

I'm not sure. Something nice. She likes flowers and jewelry.

What about this necklace here? It is gold and it's in the shape of a rose.

Perfect!

I can have it gift-wrapped if you would like. You can pick it up at four.

That sounds fine. I'll see you then.

20) Für wen kauft der Mann ein Geschenk?

Who is the man buying a gift for?

   A) für seine Frau
   B) für seine Mutter
   C) für seine Schwester
   D) für seine Freundin

His wife.
His mother.
His sister.
His girlfriend.

21) Warum schlägt der Verkäufer eine Kette vor?

Why does the clerk suggest the necklace?

   A) Weil Frauen Schmuck mögen.
   B) Weil es ein schönes Geschenk ist.
   C) Weil es eine Rose aus Gold ist.
   D) Weil es als Geschenk verpackt werden kann.

Because women like jewelry.
Because it's a nice gift.
Because it is a rose and gold.
Because it can be gift wrapped.

22) Warum kauft er ein Geschenk?

Why is he buying a gift?

   A) Nur so.
   B) Sie streiten sich.
   C) Es ist ihr Geburtstag.
   D) Es ist deren Hochzeitstag.

Just because.
They were in a fight.
It's her birthday.
It's their anniversary.

Section Three - Reading Part A

In this section, complete the phrase or sentence with the correct word/answer choice.

1) Er gab seine Hausaufgaben ------- ab.

    A) an der Schule
    B) auf Arbeit
    C) Zuhause
    D) auf dem Polizeirevier

2) Bevor ich auf Arbeit gehe soll ich meinen Brief ------- verschicken.

    A) auf der Post
    B) in der Bibliothek
    C) auf dem Polizeirevier
    D) im Laden

3) Was möchtest du heute Abend machen? Ich fühle mich nicht danach irgendwas zu ------- .

    A) tat
    B) tun
    C) getan
    D) machte

4) Ich bin müde. Ich lege mich in -------.

    A) mein Zimmer
    B) meinen Boden
    C) meinen Schrank
    D) meinen Tisch

5) Mein Lehrer sagte, dass wir alle mehr Hausaufgaben machen müssen, weil --------- kein gutes Ergebnis in der Prüfung erzielt haben.

    A) diese Schüler
    B) er Schüler
    C) einige Schüler
    D) meine Schüler

6) Ich kann es nicht abwarten in den Urlaub zu ----.

    A) fahren
    B) gefahren
    C) fahrend
    D) fuhr

7) Lasst uns -------- schwimmen gehen.

    A) gestern
    B) letzte Nacht
    C) letzte Woche
    D) heute Abend

8) Es ist Zeit zu gehen ---- du bist immer noch nicht fertig.

    A) oder
    B) aber
    C) jetzt
    D) später

9) Ich möchte Eiskreme. ------ möchtest du?

    A) Welche Art
    B) Welchen Geruch
    C) Welche Geschmacksrichtung
    D) Wie

10) ------- kannst du morgen in den Urlaub fahren? Ich dachte du müsstest arbeiten?

    A) Wie
    B) Wirst
    C) Hast
    D) Was

11) Ich habe Milch, Brot und Majonäse ----- gekauft.

    A) auf Arbeit
    B) im Laden
    C) in der Bibliothek
    D) in der Bank

12) Sie ist so glücklich. Sie ----- die ganze Zeit.

    A) runzelt die Stirn
    B) grinst
    C) lächelt
    D) weint

13) Die Bücher sind ------ der Bibliothek.

    A) außen
    B) in
    C) über
    D) nebenan

14) Gib mir ----- und ich schenk dir etwas Wasser ein.

    A) deinen Teller
    B) deine Gabel
    C) dein Messer
    D) deinen Becher

 *Test Questions Answers & Translation*

1) Er gab seine Hausaufgaben ------- ab.

    A) an der Schule
    B) auf Arbeit
    C) Zuhause
    D) auf dem Polizeirevier

He turned in his homework at -------.

    School
    Work
    Home
    Police Station

2) Bevor ich auf Arbeit gehe soll ich meinen Brief ------- verschicken.

    A) auf der Post
    B) in der Bibliothek
    C) auf dem Polizeirevier
    D) im Laden

I'm supposed to mail my letter at the ------- before I go to work.

    Post Office
    Library
    Police Station
    Store

3) Was möchtest du heute Abend machen? Ich fühle mich nicht danach irgendwas zu ------ .

    A) tat
    B) tun
    C) getan
    D) machte

What do you want to do tonight? I don't feel like ------ anything.

    Did
    Doing
    Done
    Didn't

4) Ich bin müde. Ich lege mich in -------.

    A) mein Zimmer
    B) meinen Boden
    C) meinen Schrank
    D) meinen Tisch

I'm tired. I'm going to go lay down in my ------.

    Room
    Floor
    Closet
    Table

5) Mein Lehrer sagte, dass wir alle mehr Hausaufgaben machen müssen, weil --------- kein gutes Ergebnis in der Prüfung erzielt haben.

    A) diese Schüler
    B) er Schüler
    C) einige Schüler
    D) meine Schüler

My teacher said we all have to do more homework because ------ didn't get a high score on the test.

    Those students
    He students
    Some students
    My students

6) Ich kann es nicht abwarten in den Urlaub zu ----.

    I can't wait to ------ on vacation.

    A) fahren   **Go**
    B) gefahren   Went
    C) fahrend   Going
    D) fuhr   Gone

7) Lasst uns -------- schwimmen gehen.

    Let's go swimming ------.

    A) gestern   Yesterday
    B) letzte Nacht   Last night
    C) letzte Woche Last week
    D) heute Abend **Tonight**

8) Es ist Zeit zu gehen ---- du bist immer noch nicht fertig.

    It's time to go ------ you are still not ready.

    A) oder   Or
    B) aber   **But**
    C) jetzt   Now
    D) später   Later

9) Ich möchte Eiskreme. ------ möchtest du?

    I want some ice cream. What ------ do you want?

    A) Welche Art   Taste
    B) Welchen Geruch Smell
    C) Welche Geschmacksrichtung **Kind**
    D) Wie   How

10) ------- kannst du morgen in den Urlaub fahren? Ich dachte du müsstest arbeiten?

    ------ can you go tomorrow? I thought you had to work?

    A) Wie   **How**
    B) Wirst   Will
    C) Hast   Have
    D) Was   What

11) Ich habe Milch, Brot und Majonäse ----- gekauft.

    A) auf Arbeit
    B) im Laden
    C) in der Bibliothek
    D) in der Bank

I bought milk, bread and mayonnaise at the ------.

    Work
    Store
    Library
    Bank

12) Sie ist so glücklich. Sie ----- die ganze Zeit.

    A) runzelt die Stirn
    B) grinst
    C) lächelt
    D) weint

She feels so happy she ------ all the time.

    Frowns
    Smirks
    Smiles
    Cries

13) Die Bücher sind ------ der Bibliothek.

    A) außen
    B) in
    C) über
    D) nebenan

The books are ------ of the library.

    Outside
    Inside
    Over there
    Next door

14) Gib mir ----- und ich schenk dir etwas Wasser ein.

    A) deinen Teller
    B) deine Gabel
    C) dein Messer
    D) deinen Becher

Hand me your ------ and I'll get your some more water.

    Plate
    Fork
    Knife
    Cup

Section Three - Reading Part B

In this section, read the main paragraph. Each area that has a blank and a number is a different question. Complete the paragraph with the correct answer choice.

Im Jahr 1492 __1__ Christopher Columbus Spanien, um eine Seeweg in den Nahen Osten zu entdecken. Er hoffte Indien zu finden, wo es viele Reichtümer gab und der christliche Glaube verbreitet werden sollte. Er segelte mit __2__ Schiffen: Nina, Pinta und Santa Maria. Anstatt in Indien anzukommen, landete er auf den Bahamas. Er ___3___ die Menschen, die er dort vorfand "Los Indios", weil er glaubte, dass er eine entlegene Insel Ostindiens gefunden habe.

1)
- A) verließ
- B) ging aus
- C) kehrte zurück
- D) fand

2)
- A) einem
- B) zwei
- C) drei
- D) vier

3)
- A) nennen
- B) bevor
- C) vergaß
- D) nannte

Dieses Jahr --------4------ mein Geburtstag unbeschreiblich. Mein Mann überraschte mich mit einer Reise nach Paris und London! Ich glaube nicht, dass man ein besseres -----5------ bekommen kann. Wir flogen nach Paris und schauten uns den Eiffelturm an. Es waren viele Leute da, aber wir mussten nicht lange warten. Wir fuhren zur Spitze und von dort aus konnte man meilenweit über die ganze Stadt blicken. Die Sonne ging unter, so dass es windig und ---6---- wurde. Es war wunderschön und romantisch. Einige Tage später, nahmen wir einen Zug nach London, wo ---7---- ins Theater gingen. Die Aufführung war am Nachmittag. Nachdem sie vorbei war, aßen wir im Simpsons-on-the-Strand zu Abend. Es ist ein unglaubliches Restaurant und sehr schick. Uns wurde Roast Beef, Kartoffeln und ----8---- serviert. Ich war satt, deswegen teilten wir uns einen Nachtisch. Es war sehr romantisch und wundervoll. Es war mein bisher bestes Geburtstagsgeschenk.

4)
A) war
B) wird
C) kann
D) wollen

5)
A) Schuld
B) Geschenk
C) Tasche
D) Kredit

6)
A) hell
B) übelriechend
C) entspannend
D) kalt

7)
A) wir
B) ihr
C) sie
D) er

8)
A) Bananen
B) Brot
C) Schlamm
D) Stifte

Es war einmal ein Mädchen ----9----- Goldilocks, die im Wald lebte. Eines Tages entschloss sie sich, dass sie ihre -----10---- nicht machen und stattdessen einen Spaziergang im Wald unternehmen wollte. Sie kam an ein kleines Haus. ---11---- sie an die Tür klopfte antwortete niemand. Da sie ein neugieriges Mädchen war betrat sie das Haus. Sie rief „Hallo?", aber niemand antwortete ihr. Sie merkte, dass sie hungrig war und ging in die Küche. Auf dem ---12--- sah sie drei Schüsseln mit Haferbrei. Sie kostete von der ersten Schüssel, aber es war zu heiß. Sie kostete die ---13--- Schüssel, aber es war zu kalt. Dann probierte sie die ---14--- Schüssel und es war genau richtig. Nachdem sie den Haferbrei gegessen hatte, fühlte Sie sich müde. Sie ging die Treppe hinauf und sah drei Betten. Das erste Bett war zu hart, das zweite Bett war zu weich, aber das dritte Bett war genau richtig. Sie legte sich hin und ---15---- ein.

9)
    A) benennen
    B) nennen
    C) normal
    D) namens

10)
    A) lächelnd
    B) Stift
    C) Hausarbeiten
    D) schlafend

11)
    A) warum
    B) als
    C) wer
    D) wenn

12)
    A) Tisch
    B) Boden
    C) Decke
    D) Stuhl

13)
    A) erste
    B) zweite
    C) dritte
    D) vierte

14)
    A) zweite
    B) letzte
    C) erste
    D) eins

15)
    A) schlafend
    B) schlief
    C) schlafen
    D) schlaflos

Als ich klein war, ging meine Mutter oft mit mir ---16---. Wir verbrachten den ganzen Tag damit, Tiere ----17----. Wenn ich brav war, lies sie mich ---18--- dem Zug fahren. Meine Lieblingstiere waren die Eisbären. Ich mochte auch die Affen, aber deren Käfige ---19---- sehr. Ich liebte es die Tiger zu beobachten, aber ---20--- schliefen nur den ganzen Tag. Meine Mutter nahm Mittagessen für uns mit und wir aßen es an den Picknicktischen neben den Vögeln. Ich verfütterte kleine Stücke meines Brotes an die Vögel.

16)
    A) in den Zoo
    B) zum Strand
    C) zur Post
    D) in die Schule

17)
    A) angeschaut
    B) anzuschauen
    C) anschauend
    D) sah

18)
    A) aus
    B) mit
    C) auf
    D) über

19)
    A) rochen
    B) hörten
    C) dachten
    D) wollten

20)
    A) es
    B) er
    C) uns
    D) sie

 *Test Questions Answers & Translation*

Im Jahr 1492 __1__ Christopher Columbus Spanien, um eine Seeweg in den Nahen Osten zu entdecken. Er hoffte Indien zu finden, wo es viele Reichtümer gab und der christliche Glaube verbreitet werden sollte. Er segelte mit __2__ Schiffen: Nina, Pinta und Santa Maria. Anstatt in Indien anzukommen, landete er auf den Bahamas. Er __3__ die Menschen, die er dort vorfand "Los Indios", weil er glaubte, dass er eine entlegene Insel Ostindiens gefunden habe.

In 1492, Christopher Columbus __1__ from Spain, to establish a sea-route to the Far East. He hoped to find India where there were many riches to be had and also to spread Christianity. He sailed with __2__ ships, the Nina, the Pinta and the Santa Maria. Instead of landing in India, he landed in the Bahamas where he __3__ the people he found there los indios because he believed he had found an outlying island in the East Indies.

1)

A)	**verließ**	**left**
B)	ging aus	went to
C)	kehrte zurück	returned to
D)	fand	found

2)

A)	einem	one
B)	zwei	two
C)	**drei**	**three**
D)	vier	four

3)

A)	nennen	will name
B)	bevor	before
C)	vergaß	forgot
D)	**nannte**	**named**

Dieses Jahr --------4------ mein Geburtstag unbeschreiblich. Mein Mann überraschte mich mit einer Reise nach Paris und London! Ich glaube nicht, dass man ein besseres -----5------ bekommen kann. Wir flogen nach Paris und schauten uns den Eiffelturm an. Es waren viele Leute da, aber wir mussten nicht lange warten. Wir fuhren zur Spitze und von dort aus konnte man meilenweit über die ganze Stadt blicken. Die Sonne ging unter, so dass es windig und ---6---- wurde. Es war wunderschön und romantisch. Einige Tage später, nahmen wir einen Zug nach London, wo ---7---- ins Theater gingen. Die Aufführung war am Nachmittag. Nachdem sie vorbei war, aßen wir im Simpsons-on-the-Strand zu Abend. Es ist ein unglaubliches Restaurant und sehr schick. Uns wurde Roast Beef, Kartoffeln und ----8---- serviert. Ich war satt, deswegen teilten wir uns einen Nachtisch. Es war sehr romantisch und wundervoll. Es war mein bisher bestes Geburtstagsgeschenk.

My birthday this year --------4------ incredible. My husband surprised me with a trip to Paris and London! I don't think that you could get a better -----5------ than that. We flew to Paris and went to see the Eiffle Tower. There were a lot of people there, but we didn't have to wait very long. We went to the top and you could see the city for miles around. The sun went down, so it was windy and ---6----. It was so beautiful and romantic. A few days later, we took the train to London where ---7---- went to the theater. The play was in the afternoon, so after it was over, we went to dinner at Simpsons-on-the-Strand. It is an incredible restaurant and very fancy. They served us roast beef, potatoes and ----8----. I was full so we shared dessert. It was so romantic and wonderful. It was the best birthday present ever.

4)

  A) war   **was**
  B) wird   will be
  C) kann   can be
  D) wollen   want to be

5)

  A) Schuld   debt
  B) Geschenk   **gift**
  C) Tasche   gave
  D) Kredit   loan

6)

  A) hell   bright
  B) übelriechend   smelly
  C) entspannend   relaxing
  D) kalt   **cold**

7)

  A) wir   **we**
  B) ihr   you - plural
  C) sie   she
  D) er   he

8)

  A) Bananen   bananas
  B) Brot   **bread**
  C) Schlamm   mud
  D) Stifte   pencils

Es war einmal ein Mädchen ----9----- Goldilocks, die im Wald lebte. Eines Tages entschloss sie sich, dass sie ihre -----10---- nicht machen und stattdessen einen Spaziergang im Wald unternehmen wollte. Sie kam an ein kleines Haus. ---11---- sie an die Tür klopfte antwortete niemand. Da sie ein neugieriges Mädchen war betrat sie das Haus. Sie rief „Hallo?", aber niemand antwortete ihr. Sie merkte, dass sie hungrig war und ging in die Küche. Auf dem ---12--- sah sie drei Schüsseln mit Haferbrei. Sie kostete von der ersten Schüssel, aber es war zu heiß. Sie kostete die ---13--- Schüssel, aber es war zu kalt. Dann probierte sie die ---14--- Schüssel und es war genau richtig. Nachdem sie den Haferbrei gegessen hatte, fühlte Sie sich müde. Sie ging die Treppe hinauf und sah drei Betten. Das erste Bett war zu hart, das zweite Bett war zu weich, aber das dritte Bett war genau richtig. Sie legte sich hin und ---15---- ein.

There was a girl ----9----- Goldilocks who lived in the forest. One day, she decided that she didn't want to do her -----10---- and went for a walk in the forest instead. She came upon a little house. ---11---- she knocked on the door, no one answered. So, being a curious girl, she went inside. She called, "hello?" but no one answered. She decided she was hungry and went into the kitchen. On the ---12--- she saw three bowls of porridge. She tried one bowl, but it was too hot. She tried the ---13--- bowl, but it was too cold. Then she tried the ---14--- bowl and it was just right. After she had eaten the porridge, she decided that she was ready for a nap. She went upstairs and found three beds. The first bed was too hard, the second bed was too soft, but the third best was just right. She laid down her head and went to ---15----.

9)
A) benennen — naming
B) nennen — will name
C) normal — normal
D) namens — **named**

10)
A) lächelnd — smiling
B) Stift — pencil
C) Hausarbeiten — **chores**
D) schlafend — sleeping

11)
A) warum — why
B) als — **when**
C) wer — who
D) wenn — what

12)
A) Tisch — **table**
B) Boden — floor
C) Decke — ceiling
D) Stuhl — chair

13)

    A) erste   first
    B) zweite   **second**
    C) dritte   third
    D) vierte   fourth

14)

    A) zweite   second
    B) letzte   **last**
    C) erste   first
    D) eins   one

15)

    A) schlafend   nap
    B) schlief   **sleep**
    C) schlafen   sleeping
    D) schlaflos   sleepless

Als ich klein war, ging meine Mutter oft mit mir ---16---. Wir verbrachten den ganzen Tag damit, Tiere ----17----. Wenn ich brav war, lies sie mich ---18--- dem Zug fahren. Meine Lieblingstiere waren die Eisbären. Ich mochte auch die Affen, aber deren Käfige ---19---- sehr. Ich liebte es die Tiger zu beobachten, aber ---20--- schliefen nur den ganzen Tag. Meine Mutter nahm Mittagessen für uns mit und wir aßen es an den Picknick-tischen neben den Vögeln. Ich verfütterte kleine Stücke meines Brotes an die Vögel.

My mother used to take me to the ---16--- when I was a little girl. We would spend all day ----17---- at the animals. If I was good, she would let me ride ---18--- the train. My favorite animals there were the polar bears. The monkeys were fun to watch but their cages ---19---- bad. I also liked to look at the tigers, but ---20--- would just sleep all day long. My mother would bring lunch for us and we would eat it at the picnic tables by the birds. I would get little bits of bread from my sandwich and feed them to the birds.

16)

A)	**in den Zoo**	**zoo**
B)	zum Strand	beach
C)	zur Post	post office
D)	in die Schule	school

17)

A)	angeschaut	looked
B)	**anzuschauen**	**looking**
C)	anschauend	will look
D)	sah	saw

18)

A)	aus	out
B)	**mit**	**on**
C)	auf	at
D)	über	over

19)

A)	**rochen**	**smelled**
B)	hörten	heard
C)	dachten	thought
D)	wollten	wanted

20)

A)	es	it
B)	er	he
C)	uns	us
D)	**sie**	**they**

Section Three - Reading Part C

In this section you will read a short paragraph and the answer questions about it.

Am 3. Januar 2009 wird das neuste Werk von Rodrigo Gomez bei Barnes und Noble in dem Ventura-Einkaufszentrum veröffentlicht. Das Buch hat den Titel „Warum mich meine Mutter liebt". Es ist teilweise Fiktion, wurde aber von Rodrigos persönlichen Erfahrungen inspiriert. Um 16:30 Uhr wird er eine kurze Rede halten und Fragen beantworten. Danach, von 17:00 bis 19:00 Uhr, wird er zur Verfügung stehen, um Bücher zu signieren, die auf der Veranstaltung gekauft wurden. Der reguläre Preis des Buches ist $ 24,99, aber es ist ein besonderer Vorverkaufspreis erhältlich. Wenn Sie das Buch vor der Veranstaltung kaufen kostet es nur $ 19,99. Wir hoffen Sie bei unserer Veranstaltung begrüßen zu dürfen!

1) Was ist Rodrigos Beruf?

    A) Schauspieler
    B) Schriftsteller
    C) Sänger
    D) Tänzer

2) Worauf wird er die Autogramme geben?

    A) auf Laptops
    B) auf Bildern
    C) auf besonderen Flyern
    D) auf Bücher, die bei der Veranstaltung gekauft wurden

3) Um einen ermäßigten Preis zu bekommen müssen Sie…

    A) … den Flyer mitbringe.
    B) … das Buch auf der Veranstaltung kaufen.
    C) … das Buch vor der Veranstaltung kaufen.
    D) … das Buch von zu Hause mitbringen.

In der letzten Woche habe ich das Buch "Die Beobachtung" gelesen. Das Buch wurde von Franz Mendel geschrieben und ist 479 Seiten lang. Das Buch handelt von einer Frau, deren Sohn verschwindet. Sie weiß nicht, ob er weggelaufen ist oder entführt wurde, aber sie vermutet das Schlimmste. Sie bekommt mysteriöse Telefonanrufe und Emails. Sie wendet sich an die Polizei, aber diese kann den Fall nicht lösen. Deswegen wendet sie sich an einen Privatdetektiv, Hugo, der ihr dabei helfen soll, dem Rätsel auf den Grund zu gehen. Aber ist Hugo wirklich auf ihrer Seite? Ich konnte diese Buch nicht weglegen. Ich werde Ihnen nicht erzählen was passiert ist. Sie müssen es selber lesen.

4) Wer aus der Familie der Frau verschwindet in dem Buch?

    A) ihr Sohn
    B) ihr Mann
    C) ihre Tochter
    D) ihr Nachbar

5) Warum engagiert sie einen Privatdetektiv?

    A) Die Polizei ist überlastet.
    B) Die Polizei kann das Rätsel nicht lösen.
    C) Es gibt keine Polizei.
    D) Sie ist ein Flüchtling.

6) Was macht ihr Angst?

    A) Ihre Katze ist verschwunden.
    B) Sie bekommt mysteriöse Emails.
    C) Sie hört Geräusche.
    D) Sie wird verfolgt.

7) Was vermutet sie hinsichtlich ihres Sohnes?

    A) Er ist weggelaufen.
    B) Er ist im Urlaub.
    C) Er ist in der Schule.
    D) Jemand hat ihn entführt.

Dieses Wochenende findet ein Seminar zur Geldverwaltung statt! Finden Sie heraus wie Sie am effektivsten ihr Geld verwalten können. Auch Sie können schuldenfrei sein und ein Leben führen, dass Sie schon immer gewollt haben. Das Seminar findet am 5. März um 8:00 Uhr in der St. Paul-Schule in Berlin statt. Am Ende dieses Seminars haben Sie einen kompletten Plan erstellt darüber, wie Sie Ihre Schulden abbezahlen und in der Zukunft sparen können. Es ist kostenlos. Bringen Sie Stifte, einen kleinen Snack und Freunde mit. Dieses Seminar ist für jeden, der daran teilnehmen möchte und sich eine bessere Zukunft für sich und seine Familie wünscht.

8) Wer sollte an dem Seminar teilnehmen?

    A) Jeder, der seine Finanzen aufbessern möchte.
    B) Studenten.
    C) Mitglieder der Kirchgemeinde.
    D) Nachbarn.

9) Was sollten Sie mitbringen?

    A) Sie müssen überhaupt nichts mitbringen.
    B) Sie müssen die Kursgebühr dabei haben.
    C) Stifte, Essen und Freunde.
    D) Ihre Finanzaufstellung und Rechnungen.

10) Was ist der Grund für das Seminar?

    A) Einen besseren Umgang mit Geld zu lehren.
    B) Spaß zu haben.
    C) Eine neue Kirche kennenzulernen.
    D) Neue Freund kennenzulernen.

Liebe Irma,

ich versuche gerade ein gutes Hotel auf Hawaii zu finden. Ich bin mir nicht sicher, welcher Teil der Insel der Beste ist. Meine Tochter benutzt einen Rollstuhl und benötigt eine spezielle Unterkunft. Das Hotel was wir uns aussuchen muss dem gerecht werden. Wir hätten gerne ein Hotel am Strand und ein großes Nichtraucherzimmer mit Blick auf das Meer. Wir wollen in dem Hotel sieben Nächte im Monat April übernachten. Unsere Reisedaten sind flexibel, d.h. wir können jede Woche im April verreisen und hätten gerne ein gutes Angebot. Welche Fluggesellschaft kannst du empfehlen? Bitte gib mir Bescheid, so dass ich nächste Woche buchen kann. Vielen Dank! Jonas

11) Was ist der Grund für diese Email?

     A) Hilfe bei der Urlaubsplanung
     B) Einladung an einen alten Freund
     C) Artikel über Hawaii
     D) ein Kostenvoranschlag

12) Wie lange wollen sie bleiben?

     A) ein Monat
     B) zwei Wochen
     C) eine Woche
     D) zwei Nächte

13) Warum benötigen sie ein besonderes Zimmer?

     A) Sie wollen richtig entspannen.
     B) Sie haben eine Rauchallergie.
     C) Sie sind wählerisch.
     D) Ihre Tochter hat besondere Bedürfnisse.

Die meisten Menschen sollten, abhängig davon wie aktiv sie im Alltag sind, ca. 2000 Kalorien pro Tag zu sich nehmen. Für das Abnehmen ist es wichtig, sich nach dem Essen satt zu fühlen. Manchmal nehmen Menschen ab, aber an einem gewissen Punkt stagniert der Gewichtsverlust. Dies kann sehr frustrierend sein. Es ist wichtig, das Richtige zu essen. Obst und Gemüse sind sehr wichtig, wenn Sie abnehmen wollen. Die meisten Menschen essen nicht genug von diesen Lebensmitteln. Für viele Leute ist außerdem ausreichend Trinken ein Problem. Wasser ist gesund. Wenn Sie vor den Mahlzeiten ein Glass Wasser trinken, sind Sie schneller satt. 3500 Kalorien entsprechen einem halben Kilo Körpergewicht. Wenn Sie sich bei Gelegenheit an diese Daten erinnern, werden Sie gesünder leben können.

14) Wie viele Kalorien sollte ein Mensch zu sich nehmen?

    A) 2000.
    B) 3500.
    C) Es richtet sich danach, wie aktiv der Mensch im Alltag ist.
    D) Es hängt davon ab, ob es ein Mann oder eine Frau ist.

15) Welche Nahrungsmittel sollten Sie zu sich nehmen, wenn Sie Gewicht verlieren möchten?

    A) Möhren
    B) Fleisch
    C) Milch
    D) Süßigkeiten

16) Welche Flüssigkeit sollten Sie vor den Mahlzeiten trinken?

    A) Milch
    B) Wasser
    C) Limonade
    D) Bier

17) Was ist der Grundgedanke dieses Artikels?

    A) Iss gesund!
    B) Treibe Sport!
    C) Lebe länger!
    D) Fühl dich besser!

Liebe Mama,

Josef hat wieder die Windpocken. Ich habe mit dem Arzt geredet. Er sagte, das ist sehr selten, aber es kann passieren. Ich kann die ganze Woche nicht auf Arbeit gehen, da ich mich um ihn kümmern muss. Er ist sehr müde und es juckt überall. Der Arzt sagt, dass ihm Bäder gut tun würden. Ich würde mich immer noch freuen, wenn du kommen könntest. Du kannst mir vielleicht etwas unter die Arme greifen? Der Arzt sagte, dass Josef nach dieser Woche wieder zur Schule gehen kann. Ich wollte die bloß Bescheid geben, falls zu deine Reise abblasen möchtest. Wir hätten dich liebend gerne hier, aber ich kann verstehen, wenn du nicht kommen kannst. Bitte sag mir Bescheid.

Liebe Grüße!

Jutta

18) Was ist der Grund des Briefes?

    A) sich zu beschweren
    B) Geld für die Arztrechnungen zu bekommen
    C) der Mutter Bescheid zu geben, dass der Sohn krank ist
    D) Ratschläge zu erhalten

19) Wie oft hatte Josef diese Krankheit schon?

    A) einmal
    B) zweimal
    C) dreimal
    D) nie

20) Wann kann Josef wieder in die Schule?

    A) in einer Woche
    B) in zwei Tagen
    C) in fünf Tagen
    D) in zehn Tagen

Hallo Kord,

Ich werde früher von meiner Reise zurückkehren. Ich vermisse die Kinder und möchte mich um meinen Garten kümmern. Ich hatte hier einige Anlaufschwierigkeiten. Es gab nicht genug Leute, die ich treffen konnte und einige Termine wurden abgesagt, da die Leute, die ich treffen sollte krank waren. Ich habe nichts verkauft und keine vielversprechenden Geschäftskontakte geknüpft. Ich werde am Montag mit Delta um 8:15 Uhr ankommen (anstatt zur gleichen Zeit am Mittwoch). Die Flugnummer ist 1809. Kannst du mich trotzdem abholen? Bitte schreib mir zurück und lass es mich wissen.

Dein Bruder,

Lanzo

21) Um wie viel Uhr wäre der ursprüngliche Flug am Mittwoch angekommen?

    A) 9:00 Uhr
    B) mittags
    C) 8:15 Uhr
    D) Mitternacht

22) Warum kommt Lanzo zeitiger zurück?

    A) Das Wetter war schlecht.
    B) Er hat sich verlaufen.
    C) Ihm ging das Geld aus.
    D) Die Geschäfte liefen nicht gut.

23) Warum berichtet er seinem Bruder von den neuen Plänen?

    A) Um zu erfahren, ob sein Bruder ihn abholen kann.
    B) Um seinen Bruder zu bitten, auf die Kinder aufzupassen.
    C) Um seinen Bruder zu bitten, den Garten zu pflegen.
    D) Um sich Geld für den Flug zu leihen.

24) Warum liefen die Geschäfte nicht gut?

    A) Die Leute kamen nicht zu den Verabredungen.
    B) Er war krank und schaffte es nicht zu den Terminen.
    C) Die Leute, mit denen er die Verabredungen hatte wurden krank.
    D) Er hatte keine Termine.

Test Questions Answers & Translation

Am 3. Januar 2009 wird das neuste Werk von Rodrigo Gomez bei Barnes und Noble in dem Ventura-Einkaufszentrum veröffentlicht. Das Buch hat den Titel „Warum mich meine Mutter liebt". Es ist teilweise Fiktion, wurde aber von Rodrigos persönlichen Erfahrungen inspiriert. Um 16:30 Uhr wird er eine kurze Rede halten und Fragen beantworten. Danach, von 17:00 bis 19:00 Uhr, wird er zur Verfügung stehen, um Bücher zu signieren, die auf der Veranstaltung gekauft wurden. Der reguläre Preis des Buches ist $ 24,99, aber es ist ein besonderer Vorverkaufspreis erhältlich. Wenn Sie das Buch vor der Veranstaltung kaufen kostet es nur $ 19,99. Wir hoffen Sie bei unserer Veranstaltung begrüßen zu dürfen!

On January 3, 2009, the latest work of Rodrigo Gomez will be released at Barnes and Noble in the Ventura Mall. The book is entitled "Why My Mother Loves Me" and is part fiction but was inspired by Rodrigo's real life experiences. He will give a short speech and answer questions at 4:30 p.m. After, he will be on hand to sign books purchased at the event from 5 p.m. to 7 p.m. The book is regularly priced at $24.99 but a special pre-order deal is available. If you purchase before the event, the cost will only be $19.99. We hope to see you there!

1) Was ist Rodrigos Beruf?

What is Rodrigo's profession?

    A) Schauspieler
    B) Schriftsteller
    C) Sänger
    D) Tänzer

Actor
Writer
Singer
Dancer

2) Worauf wird er die Autogramme geben?

On what will autographs will be signed?

    A) auf Laptops
    B) auf Bildern
    C) auf besonderen Flyern
    D) auf Bücher, die bei der Veranstaltung gekauft wurden

Notebooks
Pictures
Special flyers
Books purchased at the event

3) Um einen ermäßigten Preis zu bekommen müssen Sie…

To get the discounted price, you must

    A) … den Flyer mitbringe.
    B) … das Buch auf der Veranstaltung kaufen.
    C) … das Buch vor der Veranstaltung kaufen.
    D) … das Buch von zu Hause mitbringen.

bring in the flyer.
purchase at the event.
purchase before the event.
bring a book from home.

In der letzten Woche habe ich das Buch "Die Beobachtung" gelesen. Das Buch wurde von Franz Mendel geschrieben und ist 479 Seiten lang. Das Buch handelt von einer Frau, deren Sohn verschwindet. Sie weiß nicht, ob er weggelaufen ist oder entführt wurde, aber sie vermutet das Schlimmste. Sie bekommt mysteriöse Telefonanrufe und Emails. Sie wendet sich an die Polizei, aber diese kann den Fall nicht lösen. Deswegen wendet sie sich an einen Privatdetektiv, Hugo, der ihr dabei helfen soll, dem Rätsel auf den Grund zu gehen. Aber ist Hugo wirklich auf ihrer Seite? Ich konnte diese Buch nicht weglegen. Ich werde Ihnen nicht erzählen was passiert ist. Sie müssen es selber lesen.

This last week I read the book "The Watching." The book is written by Franz Mendel. The book is 479 pages long. The book is about a woman who's son disappears. She doesn't know if he ran away or was kidnapped but she suspects the worst. She starts getting mysterious phone calls and notes via email. She goes to the police but they are unable to solve the case. She turns to a private detective, M. Granville, to help her get to the bottom of the mystery. But is he really on her side? I couldn't put this book down. I won't tell you what happened, you'll have to read it for yourself.

4) Wer aus der Familie der Frau verschwindet in dem Buch?

In the book, who in the woman's family disappears?

A) ihr Sohn
B) ihr Mann
C) ihre Tochter
D) ihr Nachbar

Her son
Her husband
Her daughter
Her neighbor

5) Warum engagiert sie einen Privatdetektiv?

Why does she hire a private detective?

A) Die Polizei ist überlastet.
B) Die Polizei kann das Rätsel nicht lösen.
C) Es gibt keine Polizei.
D) Sie ist ein Flüchtling.

The police are too busy.
The police cannot solve the mystery.
There are no police.
She is a fugitive.

6) Was macht ihr Angst?

What makes her scared?

A) Ihre Katze ist verschwunden.
B) Sie bekommt mysteriöse Emails.
C) Sie hört Geräusche.
D) Sie wird verfolgt.

Her cat is missing.
Getting notes via email.
Hearing noises.
Being followed.

7) Was vermutet sie hinsichtlich ihres Sohnes?

What does she suspect about her son?

A) Er ist weggelaufen.
B) Er ist im Urlaub.
C) Er ist in der Schule.
D) Jemand hat ihn entführt.

That he ran away.
That he's on vacation.
That he went away to school.
That someone took him.

Dieses Wochenende findet ein Seminar zur Geldverwaltung statt! Finden Sie heraus wie Sie am effektivsten ihr Geld verwalten können. Auch Sie können schuldenfrei sein und ein Leben führen, dass Sie schon immer gewollt haben. Das Seminar findet am 5. März um 8:00 Uhr in der St. Paul-Schule in Berlin statt. Am Ende dieses Seminars haben Sie einen kompletten Plan erstellt darüber, wie Sie Ihre Schulden abbezahlen und in der Zukunft sparen können. Es ist kostenlos. Bringen Sie Stifte, einen kleinen Snack und Freunde mit. Dieses Seminar ist für jeden, der daran teilnehmen möchte und sich eine bessere Zukunft für sich und seine Familie wünscht.

Money management seminar this weekend! Find out how to more effectively manage your money. You too can be debt free and have the life you want. It will be held on March 5th at the St. Paul school in Berlin at 8 a.m. At the end of this seminar you will have made a complete plan to pay off your debts and save for your future. The cost is free. Bring a pencil, bring a lunch and bring a friend. This seminar is for anyone who would like to attend and make a better future for themselves and their family.

8) Wer sollte an dem Seminar teilnehmen?

A) Jeder, der seine Finanzen aufbessern möchte.
B) Studenten.
C) Mitglieder der Kirchgemeinde.
D) Nachbarn.

Who should attend?

Anyone who wants to improve their finances
Students from the college
Members of that church
Neighbors

9) Was sollten Sie mitbringen?

A) Sie müssen überhaupt nichts mitbringen.
B) Sie müssen die Kursgebühr dabei haben.
C) Stifte, Essen und Freunde
D) Ihre Finanzaufstellung und Rechnungen

What should you bring?

You don't need to bring anything.
The fee for the course.
Your pencil, lunch and a friend.
Your financial statements and bills.

10) Was ist der Grund für das Seminar?

A) Einen besseren Umgang mit Geld zu lehren.
B) Spaß zu haben.
C) Eine neue Kirche kennenzulernen.
D) Neue Freund kennenzulernen.

What is the reason for the seminar?

To teach better financial habits.
To have a good time.
To learn about a new church.
To make friends.

Liebe Irma,
ich versuche gerade ein gutes Hotel auf Hawaii zu finden. Ich bin mir nicht sicher, welcher Teil der Insel der Beste ist. Meine Tochter benutzt einen Rollstuhl und benötigt eine spezielle Unterkunft. Das Hotel was wir uns aussuchen muss dem gerecht werden. Wir hätten gerne ein Hotel am Strand und ein großes Nichtraucherzimmer mit Blick auf das Meer. Wir wollen in dem Hotel sieben Nächte im Monat April übernachten. Unsere Reisedaten sind flexibel, d.h. wir können jede Woche im April verreisen und hätten gerne ein gutes Angebot. Welche Fluggesellschaft kannst du empfehlen? Bitte gib mir Bescheid, so dass ich nächste Woche buchen kann.
Vielen Dank!
Jonas

Irma,
I'm trying to find the best hotel to stay at in Hawaii. I'm not sure which part of the island is the best. My daughter is in a wheel chair and needs some special accommodations, so the hotel that we choose will need to be able to help us with that. We want to go to the beach and stay in a king, non-smoking oceanfront room. We plan on staying seven nights during the month of April. We can go any week, so if you can tell us which week is the best deal, we can go then. Also, what airline do you recommend? Please let me know so I can get this booked in the next week.
Thank you,
Jonas

11) Was ist der Grund für diese Email?

    A) Hilfe bei der Urlaubsplanung
    B) Einladung an einen alten Freund
    C) Artikel über Hawaii
    D) ein Kostenvoranschlag

What is the reason for this email?

    Help with planning a vacation.
    Inviting an old friend to visit.
    Writing an article about Hawaii.
    Sending a business proposal.

12) Wie lange wollen sie bleiben?

    A) ein Monat
    B) zwei Wochen
    C) eine Woche
    D) zwei Nächte

How long do they plan on staying?

    A month
    Two weeks
    A week
    Two nights

13) Warum benötigen sie ein besonderes Zimmer?

    A) Sie wollen richtig entspannen.
    B) Sie haben eine Rauchallergie.
    C) Sie sind wählerisch.
    D) Ihre Tochter hat besondere Bedürfnisse.

Why do they need a special room?

    They really need to relax.
    They have allergies to smoke.
    They are picky about where they want to stay.
    Her daughter has special needs.

Die meisten Menschen sollten, abhängig davon wie aktiv sie im Alltag sind, ca. 2000 Kalorien pro Tag zu sich nehmen. Für das Abnehmen ist es wichtig, sich nach dem Essen satt zu fühlen. Manchmal nehmen Menschen ab, aber an einem gewissen Punkt stagniert der Gewichtsverlust. Dies kann sehr frustrierend sein. Es ist wichtig, das Richtige zu essen. Obst und Gemüse sind sehr wichtig, wenn Sie abnehmen wollen. Die meisten Menschen essen nicht genug von diesen Lebensmitteln. Für viele Leute ist außerdem ausreichend Trinken ein Problem. Wasser ist gesund. Wenn Sie vor den Mahlzeiten ein Glass Wasser trinken, sind Sie schneller satt. 3500 Kalorien entsprechen einem halben Kilo Körpergewicht. Wenn Sie sich bei Gelegenheit an diese Daten erinnern, werden Sie gesünder leben können.

Most people should eat 2000 calories a day based on how active their lives are. Feeling full after eating is important for weight loss. Sometimes people lose some weight but seem to be stuck and can't lose any more weight. This can be frustrating. It is important to eat right. Fruits and vegetables are very important when you are trying to lose weight. Most people do not eat enough of these foods. Also, drinking enough water to make your body healthy is a problem. If you drink a glass of water before eating, this will help you feel full on less food. When you eat 3500 calories, it equals one pound of body weight. When you think about those numbers, it makes it easier to be a healthy person.

14) Wie viele Kalorien sollte ein Mensch zu sich nehmen?

How many calories should a person eat?

   A) 2000.
   B) 3500.
   C) Es richtet sich danach, wie aktiv der Mensch im Alltag ist.
   D) Es hängt davon ab, ob es ein Mann oder eine Frau ist.

2000.
3500.
It depends on their activity level.
It depends if they are male or female.

15) Welche Nahrungsmittel sollten Sie zu sich nehmen, wenn Sie Gewicht verlieren möchten?

When you are trying to lose weight, what type of food should you eat?

   A) Möhren
   B) Fleisch
   C) Milch
   D) Süßigkeiten

Carrots
Meat
Milk
Candy

16) Welche Flüssigkeit sollten Sie vor den Mahlzeiten trinken?

What is the best fluid to drink before your meal?

   A) Milch
   B) Wasser
   C) Limonade
   D) Bier

Milk
Water
Soda
Beer

17) Was ist der Grundgedanke dieses Artikels?　　　What is the main idea of the article?

A) **Iss gesund!**　　　　**Eat healthy**
B) Treibe Sport!　　　　Exercise
C) Lebe länger!　　　　Live longer
D) Fühl dich besser!　　　　Feel better

Liebe Mama,
Josef hat wieder die Windpocken. Ich habe mit dem Arzt geredet. Er sagte, das ist sehr selten, aber es kann passieren. Ich kann die ganze Woche nicht auf Arbeit gehen, da ich mich um ihn kümmern muss. Er ist sehr müde und es juckt überall. Der Arzt sagt, dass ihm Bäder gut tun würden. Ich würde mich immer noch freuen, wenn du kommen könntest. Du kannst mir vielleicht etwas unter die Arme greifen? Der Arzt sagte, dass Josef nach dieser Woche wieder zur Schule gehen kann. Ich wollte die bloß Bescheid geben, falls zu deine Reise abblasen möchtest. Wir hätten dich liebend gerne hier, aber ich kann verstehen, wenn du nicht kommen kannst. Bitte sag mir Bescheid.

Liebe Grüße!
Jutta

Mom,
Josef has the chicken pox again. I called the doctor and he said that this is very rare but sometimes happens. I have to miss work all this week to take care of him. He is very tired and itches all over. The doctor said that I can give him baths to make him feel better. I'm still looking forward to you being able to come. Maybe you can give me a day off? The doctor said that after the week is over, he can go back to school. I just wanted to let you know in case you wanted to cancel your trip. We still would love to see you, but understand if you can't come. Please let me know.

Love,
Jutta

18) Was ist der Grund des Briefes?

   A) sich zu beschweren
   B) Geld für die Arztrechnungen zu bekommen
   C) der Mutter Bescheid zu geben, dass der Sohn krank ist
   D) Ratschläge zu erhalten

What is the reason of the letter?

To complain
To get money for doctor bills
To let her mom know her son is sick
To get advice

19) Wie oft hatte Josef diese Krankheit schon?

   A) einmal
   B) zweimal
   C) dreimal
   D) nie

How many times has Antoine had this sickness?

Once
Twice
Three times
Never

20) Wann kann Josef wieder in die Schule?

   A) in einer Woche
   B) in zwei Tagen
   C) in fünf Tagen
   D) in zehn Tagen

When can Antoine go back to school?

One week
Two days
Five days
Ten days

Hallo Kord,

ich werde früher von meiner Reise zurückkehren. Ich vermisse die Kinder und möchte mich um meinen Garten kümmern. Ich hatte hier einige Anlaufschwierigkeiten. Es gab nicht genug Leute, die ich treffen konnte und einige Termine wurden abgesagt, da die Leute, die ich treffen sollte krank waren. Ich habe nichts verkauft und keine vielversprechenden Geschäftskontakte geknüpft. Ich werde am Montag mit Delta um 8:15 Uhr ankommen (anstatt zur gleichen Zeit am Mittwoch). Die Flugnummer ist 1809. Kannst du mich trotzdem abholen? Bitte schreib mir zurück und lass es mich wissen.

Dein Bruder,
Lanzo

Kord,

I'm planning to come home from my trip early. I miss the kids and want to make sure that my garden is doing okay. Things have been really slow here, there are not a lot of people to meet with. I wasn't able to make several of my appointments because the people I was going to meet with were sick. I haven't sold anything and don't have any good leads. I'm going to fly in on Delta on Monday at 8:15 am instead of the same time on Wednesday. The flight number is 1809. Will you still be able to pick me up? Please email me back and let me know.

Your brother,
Lanzo

21) Um wie viel Uhr wäre der ursprüngliche Flug am Mittwoch angekommen?

   A) 9:00 Uhr
   B) mittags
   C) 8:15 Uhr
   D) Mitternacht

What time did the original flight arrive on Wednesday?

9 am
noon
8:15 am
midnight

22) Warum kommt Lanzo zeitiger zurück?

   A) Das Wetter war schlecht.
   B) Er hat sich verlaufen.
   C) Ihm ging das Geld aus.
   D) Die Geschäfte liefen nicht gut.

Why is Lanzo coming home early?

There was bad weather
He got lost
He ran out of money
Business has been slow

23) Warum berichtet er seinem Bruder von den neuen Plänen?

   A) Um zu erfahren, ob sein Bruder ihn abholen kann.
   B) Um seinen Bruder zu bitten, auf die Kinder aufzu passen.
   C) Um seinen Bruder zu bitten, den Garten zu pflegen.
   D) Um sich Geld für den Flug zu leihen.

Why is he telling his brother his new plans?

To see if he can pick him up
To ask him to take care of the kids
To ask him to take care of the garden
To see if he can borrow money for the flight

24) Warum liefen die Geschäfte nicht gut?

    A) Die Leute kamen nicht zu den Verabredungen.
    B) Er war krank und schaffte es nicht zu den Terminen.
    C) Die Leute, mit denen er die Verabredungen hatte wurden krank.
    D) Er hatte keine Termine.

Why have things been slow?

The people he had appointments with didn't show up.
He was sick and couldn't make his meetings.
The people he had meetings with were sick.
He didn't have any appointments.

Test-Taking Strategies

Here are some test-taking strategies that are specific to this test and to other CLEP tests in general:

- Keep your eyes on the time. Pay attention to how much time you have left.
- Read the entire question and read all the answers. Many questions are not as hard to answer as they may seem. Sometimes, a difficult sounding question really only is asking you how to read an accompanying chart. Chart and graph questions are on most CLEP tests and should be an easy free point.
- If you don't know the answer immediately, the new computer-based testing lets you mark questions and come back to them later if you have time.
- Read the wording carefully. Some words can give you hints to the right answer. There are no exceptions to an answer when there are words in the question such as always, all or none. If one of the answer choices includes most or some of the right answers, but not all, then that is not the correct answer. Here is an example:

  The primary colors include all of the following:

  A) Red, Yellow, Blue, Green
  B) Red, Green, Yellow
  C) Red, Orange, Yellow
  D) Red, Yellow, Blue
  E) None of the above

  Although item A includes all the right answers, it also includes an incorrect answer, making it incorrect. If you didn't read it carefully, were in a hurry, or didn't know the material well, you might fall for this.

- Make a guess on a question that you do not know the answer to. There is no penalty for an incorrect answer. Eliminate the answer choices that you know are incorrect. For example, this will let your guess be a 1 in 3 chance instead.

 *What Your Score Means*

Based on your score, you may, or may not, qualify for credit at your specific institution. At University of Phoenix, a score of 50 is passing for full credit. To find out what score you need for credit, you need to get that information from your school's website or academic advisor. Most schools do not offer a letter grade on your transcript for a CLEP test but give you a pass for the course.

You can score between 20 and 80 on any CLEP test. Each correct answer is worth one point. You lose no points for unanswered or incorrect questions. Don't forget, if you score 53, you did just as well as someone who scored higher. The reality is that these tests are based on the fact that you are only supposed to know about half of the material, hence the score of 50 passing. No one expects you or anyone else to get an 80. We expect you to pass with at least a 50.

 # Specific Test Information

The German CLEP tests the knowledge that a college student would know over two to four semesters of college. There are 121 test questions to be answered in 90 minutes. The previous sample test is an accurate representation of the sections and the type of questions asked in each. The bolded answers are the correct answer. Because each language is unique, a translation is not literal, but gives you the same instructions or interpretation that you would get in the native language.

There are two listening sections and one reading section. Each school sets their own passing score, but the ACE recommended scores are 50 and 58. If you score between 50-58 you will receive six credit hours. If you score a 59 or above, you will receive twelve credit hours (according to your school's policy).

 # Legal Note

FLASHCARDS

This section contains flashcards for you to use to further your understanding of the material and test yourself on important concepts, names or dates. You can cut these out to study from or keep them in the study guide, flipping the page over to check yourself.

1

3

5

19

3rd

abbiegen

anfangen

antworten

drei

eins

neunzehn

fünf

turn off

dritter/dritte

reply

open

anziehen

arbeiten

aufwachen

beenden

beginnen

bestehen

bezeichnen

bleiben

work

dress

finish

wake up

pass

start

stay

call

bringen	bruder
donnerstag	ehefrau
erlauben	essen
fliegen	flughafen

brother	bring
wife	thursday
eat	allow
airport	fly

fragen

geben

gehen

glauben

glauben

großvater

haben

haben

give

ask

think

walk

have

grandfather

january

hear

kaufen

klasse

kommen

können

krankenhaus

lächeln

leben

lehren

class

buy

can

come

smile

hospital

teach

live

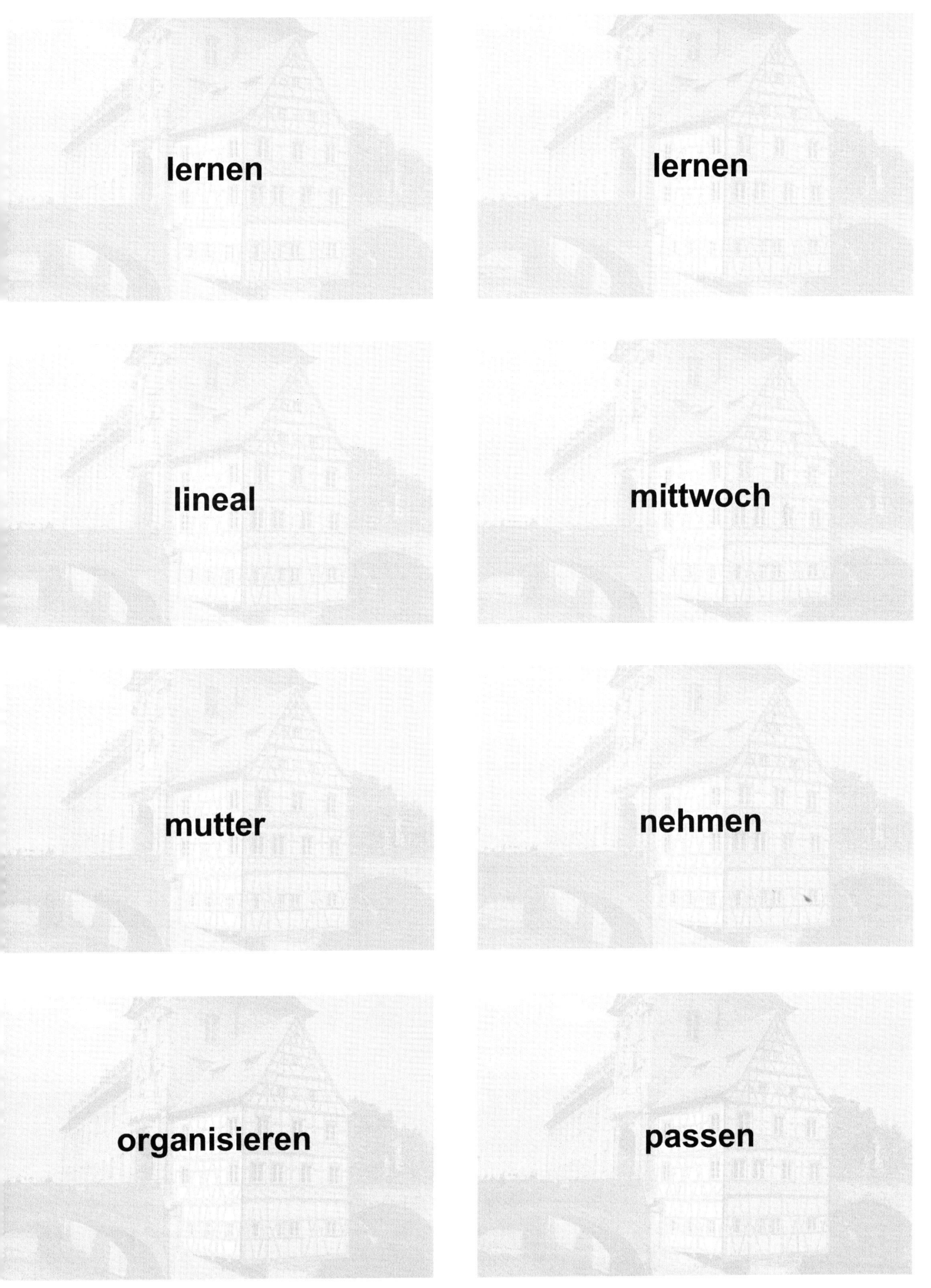

lernen

lernen

lineal

mittwoch

mutter

nehmen

organisieren

passen

read

learn

wednesday

ruler

take

mother

fit

organize

pilot

reden

rennen

sagen

schlafen

schließen

schreiben

schwägerin

talk

pilot

say

run

close

sleep

sister-in-law

write

schwarz

schwimmen

segler

sehen

sein

senden

setzen/stellen/legen

singen

swim

black

see

sailor

send

be

sing

put

sitzen

sohn

spielen

stolpern

studieren

trinken

unterschreiben

verkaufen

son

sit

trip

play

drink

to study

sell

sign

verlassen	verstehen
versuchen	weiß
wissen	wissen
zahlen	zuhören

understand

leave

white

try

to know

know

listen

pay